Martin Kohn

Hilfe, mein Kind hängt im Netz

Martin Kohn

Hilfe, mein Kind hängt im Netz

Was Eltern über Internet, Handys
und Computerspiele wissen müssen

Kösel

Mix
Produktgruppe aus vorbildlich bewirtschafteten Wäldern und anderen kontrollierten Herkünften
www.fsc.org Zert.-Nr. SGS-COC-001940
© 1996 Forest Stewardship Council

Verlagsgruppe Random House FSC-DEU-0100
Das für dieses Buch verwendete FSC-zertifizierte Papier *Classic* 95 liefert Stora Enso, Finnland.

Umschlag: fuchs_design, München
Umschlagmotiv: mauritius images / dieKleinert
Druck und Bindung: GGP Media GmbH, Pößneck
Printed in Germany
ISBN 978-3-466-30880-4

Weitere Informationen zu diesem Buch und unserem gesamten lieferbaren Programm finden Sie unter
www.koesel.de

Wir können nicht die Zukunft
für unsere Jugend gestalten,
aber wir können unsere Jugend
auf die Zukunft vorbereiten.

Franklin D. Roosevelt

Inhalt

Vorwort 11

Einführung **Was Kinder an den Neuen Medien fasziniert** 17

Level 1 **Kinder auf dem Weg ins globale Dorf** 27

Stufe 1 Informationen weltweit – das World Wide Web 28
Stufe 2 Fortsetzung folgt ... Web 2.0, das Mitmachnetz 35
Stufe 3 Wie begleite ich mein Kind bei seinen ersten Schritten im Netz? 42
Stufe 4 Wie mein Kind die Chancen nutzen kann 52
Stufe 5 Gefahr erkannt, Gefahr gebannt: Risiken und was Sie dagegen tun können 61

Das Kind als Kunde – Abos, Werbung, kostenpflichtige Angebote 62
Keine Angst vorm Untergang – Richtig suchen mindert die Informationsflut 76
Elektronische Post, aber sicher! 79

Chatrooms für Kinder? 83
Abschreiben war gestern: Hausaufgaben.de, Klassenarbeiten.net und Co. 88
Echte Freunde, falsche Freunde: Soziale Netzwerke 91
Der moderne Pranger: spickmich.de 94
Wie schütze ich mein Kind vor jugendgefährdenden Inhalten? . 96
Von Würmern, trojanischen Pferden und anderen Viren 98
Der Knigge fürs Netz: Anstand und Etikette gelten auch hier! . 104
Hänseln auf die harte Tour: Cyber-Bullying und Cyber-Mobbing 107
Und Papa hat keinen Cent dazubezahlt – Internettelefonie . . . 111

Stufe 6 Damit Sie mitreden können – die wichtigsten Begriffe für die Internetnutzung 114
Stufe 7 Empfehlenswerte Internetseiten für Kinder und Jugendliche 117

Level 2 **»Mum, ich brauch ein neues Handy« 121**

Stufe 1 Was Kindern und Eltern mobile Telefone bedeuten 122
Stufe 2 Darf's ein bisschen mehr sein? Welche Ausstattung sinnvoll ist 125
Stufe 3 Kreative Nutzungsmöglichkeiten von Handys 130
Stufe 4 Nur keinen Schaden anrichten – Risiko Handynutzung 135
Stufe 5 Friedhof der Kuschelhandys – Auch nach dem Ableben können Handys noch Schaden anrichten 148
Stufe 6 Handystrahlung und Handysmog – die unsichtbaren Gefahren 149
Stufe 7 Was macht der blaue Zahn im Handy? Bluetooth und andere wichtige Handybegriffe 153

Level 3 **Virtuelle Welten - Computerspiele** **159**

Stufe 1 Wo kommen die Computerspiele her?
Zur Geschichte der Videospiele 160
Stufe 2 Was fasziniert Kinder an Videospielen? 165
Stufe 3 Von Löwenzahn bis Second Life – unterschiedliche Spielgenres 168
Stufe 4 Haben Computerspiele einen Mehrwert für das Kind? 176
Stufe 5 Welche Gefahr geht von Videospielen aus? 179
Stufe 6 Welches Spiel ist für mein Kind geeignet? 192
Stufe 7 Zurück in die Zukunft – Wie sehen die Spiele von morgen aus? 196

Ausblick **Die Neuen Medien – Fluch oder Segen?** **199**

Anhang **203**
Literatur 203
Internetquellen 205

Vorwort

Das Kommunikationsverhalten der Kinder und Jugendlichen hat sich in den vergangenen Jahren enorm verändert. Verabredungen werden ausschließlich mittels des Softwareprogramms Messenger getroffen, das Handy ist mittlerweile das meistgenutzte Medium der Heranwachsenden, und nun will auch noch der Klassenlehrer, dass seine Schützlinge etwas im Internet nachschlagen.

Während eines von vier Kindern im Alter zwischen sechs und sieben Jahren mindestens einmal pro Woche online ist, sind bereits sieben von zehn der 12- bis 13-Jährigen regelmäßige Nutzer des Internets. Jeder Zweite in dieser Altersgruppe verfügt über eine oder mehrere E-Mail-Adressen. Und die Tendenz ist steigend. Dies bestätigt auch die Onlinestudie, die 2009 von ARD und ZDF in Auftrag gegeben wurde. Dieser zufolge ist der Anteil der Internetnutzer in Deutschland mittlerweile von 65,1 Prozent im Vorjahr auf 67,1 Prozent angestiegen. Das entspricht 43,5 Millionen – ein Zuwachs von 800 000 Onlinenutzern in nur einem Jahr.

Der Reiz des Mediums Internet ist für Kinder ungebrochen. Für jede Altersgruppe und jede Interessenlage offenbart das World Wide Web unzählige Seiten mit einem schier unendlichen und unüberschaubaren Angebot an Inhalten. Mit nur einem Klick lassen sich Chaträume öffnen, vorgefertigte Hausaufgaben und Referate herunterladen, Lehrer je nach Bedarf an den Pranger stellen oder in den Himmel loben oder Freundschaften aufbauen und pflegen in sozialen Netzwerken wie SchülerVZ. Kinder und Jugendliche nutzen das Internet

- zur Kommunikation (zum Beispiel Chats, ICQ, E-Mails),
- zur Selbstdarstellung (zum Beispiel eigene Homepage, SchülerVZ),
- als Informationsquelle für Schule und Freizeit,
- zum Spielen,
- um Musik, Bilder und Videos herunterzuladen (zum Beispiel Youtube, MyVideo).

Wo liegt eigentlich das Problem?

Unsere Kinder wachsen heute ganz selbstverständlich mit Internet, Handy und Computerspielen auf, doch nicht alles ist wirklich für sie geeignet. Was wir als unterhaltsam ansehen oder als reine Werbung enttarnen, kann für Kinder ängstigend sein und von ihnen als Tatsachenbericht aufgefasst werden.

Als Eltern werden wir durch diese Entwicklung vor immer neue Herausforderungen gestellt. Auf der einen Seite möchten wir, dass unser Kind die vielen Vorteile der Neuen Medien für sich nutzen lernt, auf der anderen Seite müssen wir es vor den zahlreichen Gefahren, die Internet, Handy und Co. mit sich bringen, beschützen. Das Internet ist nämlich gewiss kein rechtsfreier Raum, und schon gar nicht kann hierin eine Privatsphäre garantiert werden.

Wie im richtigen Leben tummeln sich im Netz der unbegrenzten Möglichkeiten nicht nur Freunde, sondern auch viele Kreaturen, die es auf persönliche Daten, Geld oder ein »Date« mit Minderjährigen abgesehen haben. Kinder können ungewollt Seiten aufrufen, die ihnen Angst machen oder deren Inhalte sie überfordern. Die Anonymität vor allem des Internets verleitet sie, freier, ungezwungener und unvorsichtiger zu agieren als in der wahren Welt, und macht sie anfällig für Belästigungen oder andere Gefahren. Sie entdecken bereits in jungen Jahren einen kunterbunten Spielplatz, der immer geöffnet ist und ihnen sämtliche Wünsche zu erfüllen scheint. Doch auch Pädophile nutzen die Anonymität des Internets, um beispielsweise in Chatforen oder sozialen Netzwerken wie SchülerVZ oder Lokalisten nach potenziellen Opfern zu suchen, Kontakte zu knüpfen oder gar Treffen im wirklichen Leben anzubahnen.

Ähnliche Risiken bestehen zwar auch bei den vermeintlich »alten« Medien. Im Bahnhofsbuchhandel etwa stoßen auch Kinder auf pornografisches Material, oder sie können von Pädophilen an der Bushaltestelle angesprochen werden. Neu und zunehmend riskanter an den Neuen Medien ist allerdings, dass alle Inhalte, also auch die jugendgefährdenden und für Kinder nicht geeigneten, leichter verfügbar sind und die Anzahl der Anbieter überaus groß ist. Außerdem gelten für Seiten, die im Ausland ins Netz gestellt werden, unter Umständen andere Regeln und Gesetze als hierzulande. Aus diesem Grund ist eine Bekämpfung unerwünschter Inhalte besonders schwierig.

Pornografische, rechtsradikale oder gewalthaltige Seiten im Internet

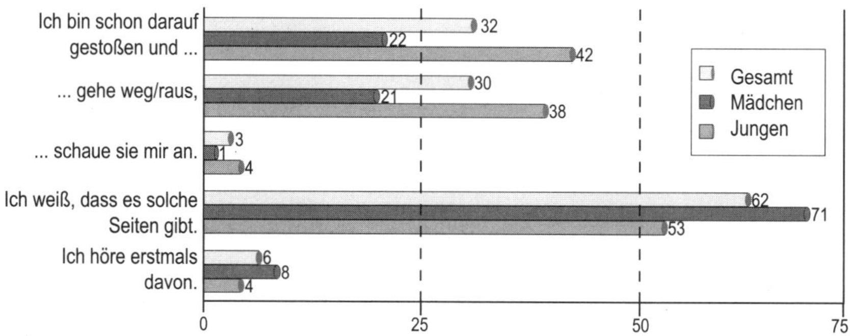

Quelle: JIM-Studie 2005 (leicht abgewandelt), Angaben in Prozent
Basis: Internetnutzer, n = 1 040

Das vorstehend dargestellte Ergebnis der JIM-Studie 2005* verdeutlicht die Gefährdung der Kinder und Jugendlichen durch problematische Inhalte im Internet. 62 Prozent aller befragten Kinder und Jugendlichen waren schon 2005 über die Existenz von pornografischen, rechtsradikalen oder gewalthaltigen Seiten im Internet informiert, und jeder Zweite von ihnen war bereits auf solche Inhalte gestoßen.

Auch Computerspiele und Handys sind nicht zuletzt wegen der zunehmenden Gewalt an Schulen ins Gespräch gekommen. »Happy Slapping« beispielsweise beschreibt einen Trend, bei dem Jugendliche eine Schlägerei anzetteln, diese filmen und ins Netz stellen, von wo sich diese Datei andere Schülerinnen und Schüler in der Regel auf ihr Handy herunterladen.

Wie kann ich mein Kind schützen?

Verbote, starre Normen und das Sperren dubioser oder gefährdender Internetseiten reichen bei Weitem nicht aus. Der beste Weg, Kinder vor den Schattenseiten der Neuen Medien zu bewahren, ist, sie medienkompetent zu machen. Sie müssen eine kritische Einstellung dazu entwickeln und dürfen Informationen und Anbietern nicht blindlings vertrauen. Denn nur durch einen selbstbewussten, reflektierten und kritischen Umgang damit können sie die Chancen der erleichterten Kommunikation und Informationsbeschaffung nutzen, ohne sich selbst oder andere körperlich, ideell oder materiell zu schaden.

Eine solche Medienkompetenz müssen die Heranwachsenden lernen wie das Lesen und Schreiben. Dabei brauchen sie Unterstützung von ihren Lehrerinnen und Lehrern, aber auch

---

* Medienpädagogischer Forschungsverbund Südwest (Hrsg.): *JIM-Studie 2005. Jugend, Information, (Multi-)Media. Basisstudie zum Medienumgang 12- bis 19-Jähriger in Deutschland*, Stuttgart 2005

– und vor allem – von ihren Eltern. Denn bei ihnen liegt eine wichtige Hauptverantwortung in Bezug auf die Medienerziehung ihrer Kinder. Wenn sie die Erziehung zu einem bewussten Umgang mit den Medien bewusst als ihre Aufgabe wahrnehmen, können Eltern erreichen, dass ihre Kinder die Medien kompetent einsetzen und das ungeheure Potenzial, das in ihnen steckt, zu ihrem ganz persönlichen Vorteil ausbauen.

Dieses Buch ist Ihnen dabei eine wertvolle Hilfe. Es vermittelt nicht nur grundlegende Informationen zur Medienkompetenz, sondern gibt Anregungen, wie Sie als Eltern die Entwicklung dieser wichtigen Kulturtechnik unterstützen können. Um Sie selbst fit in Sachen Neue Medien zu machen, erfolgt zu Beginn eines jeden Kapitels eine ausführliche und leicht nachvollziehbare Einführung in das jeweilige Medium. Hierzu zählen der Computer und die Internetnutzung, Chatforen, Messenger und soziale Netzwerke, Videospiele und Handys.

Anschließend werden alle Möglichkeiten und Chancen aufgeführt, die die jeweiligen Medien Ihren Kindern bieten können und die Sie sich und Ihren Kindern nicht vorenthalten sollten. Diesen werden die Schattenseiten und Gefahren gegenübergestellt und in jedem Kapitel ausführlich dargestellt sowie mit zahlreichen Hinweisen und Handlungsempfehlungen versehen, wie Sie Ihr Kind stark machen können in Bezug auf die Nutzung von Internet, Computer und Handy.

Tipps und Handlungsalternativen, wie Sie als Eltern gemeinsam mit Ihrem Kind die Neuen Medien entdecken können, sind mit einem Hinweisschild gekennzeichnet und runden jedes Thema ab (»Elterntipp«):

Ich möchte Sie einladen, gemeinsam mit Ihrem Kind auf Entdeckungsreise in ein Land der unbegrenzten Möglichkeiten zu gehen, in dem es Spaß macht und spannend ist, nach Informationen zu suchen, zu spielen oder sich zu unterhalten. Ein Land, in dem man sich der dort lauernden Gefahren bewusst ist, aber diesen selbstbewusst und kompetent gegenübersteht und sich durch sie nicht einschüchtern lässt. Lassen Sie Ihr Kind nicht allein mit seinen ersten Erfahrungen mit den Neuen Medien, sondern begleiten Sie es durch diese neue, spannende und abenteuerliche Welt.

Martin Kohn
Frankfurt am Main, im Frühjahr 2010

Einführung

Was Kinder an den Neuen Medien fasziniert

»Wenn ich aus der Schule nach Hause komme, gehe ich ins Internet, um mit meinen Freundinnen zu chatten. Hier können wir ungestört über die Jungs aus unserer Klasse lästern – und natürlich über die Lehrer!«

Alina, 8 Jahre

»Natürlich habe ich ein Handy. Meine Mutter wollte das auch so. Damit ich sie jederzeit anrufen kann, sagt sie. Ohne SMS geht bei mir und meinen Freundinnen gar nichts. Manchmal drehen wir auch lustige Videos mit unseren Handys.«

Mia, 10 Jahre

»Meine Mutter hat mir ein Lernprogramm besorgt, mit dem ich Rechnen üben kann. Viel lieber spiele ich aber mit dem Computer. Action- und Fantasy-Games mag ich besonders.«

Daniel, 9 Jahre

»Ohne Internet läuft bei mir gar nichts. Wenn ich aus der Schule komme, checke ich erst mal SchülerVZ und ob jemand von meinen Freunden online ist. Dann chatten wir so zwei, drei Stunden. Oft verabreden wir uns für abends oder das Wochenende. Manchmal vergesse ich sogar, meine Hausaufgaben zu machen.«

Saskia, 15 Jahre

»Klar kann ich mich noch erinnern, wie es war ohne Handy. Als ich in der Grundschule war, gab es das nur für Bonzen und Superreiche. Aber irgendwie habe ich mich so an das Telefonieren unterwegs gewöhnt, dass ich selbst zu Hause mein Handy benutze, obwohl meine Eltern einen günstigeren Festnetzanschluss haben.«

Tom, 18 Jahre

Spielen, chatten, Informationen suchen und sich mit anderen austauschen – Kinder und Erwachsene gleichermaßen tauchen mithilfe der Neuen Medien in eine andere Welt ein. Eine Welt, die sie unterhält und informiert, in der vieles einfacher zu sein scheint als im realen Leben. Eine Welt, in der die geheimsten Wünsche nur einen Klick entfernt sind, und alles zu jeder Zeit gekauft werden kann. Eine Welt, die einerseits völlig anonym ist, in der aber andererseits Freundschaften aufgebaut und gepflegt werden können.

Wie die JIM-Studie 2009* zeigt, haben mittlerweile alle Kinder im Alter zwischen 12 und 19 Jahren Zugriff auf ein Mobiltelefon und auf einen Computer und 98 Prozent leben in Haushalten mit Internetzugang.

Auch aus dem Alltag der 6- bis 13-Jährigen lassen sich die Neuen Medien nicht mehr wegdenken. Wie die 2006 veröffentlichte KIM-Studie** herausstellt, hatten bereits 2006 81 Prozent dieser Altersgruppe die Möglichkeit, ins Internet zu gehen. Schon die Sechs- bis Siebenjährigen nutzten zu 57 Prozent einen Computer. Dieser Anteil stieg mit zunehmendem Alter der

---

* Medienpädagogischer Forschungsverbund Südwest (Hrsg.): *JIM-Studie 2009. Jugend, Information, (Multi-)Media. Basisstudie zum Medienumgang 12- bis 19-Jähriger*, Stuttgart 2009

** Medienpädagogischer Forschungsverbund Südwest (Hrsg.): *JIM-Studie 2006. Kinder + Medien, Computer + Internet. Basisstudie zum Medienumgang 6- bis 13-Jähriger*, Stuttgart 2007

Geräteausstattung im Haushalt 2009 (Auswahl)

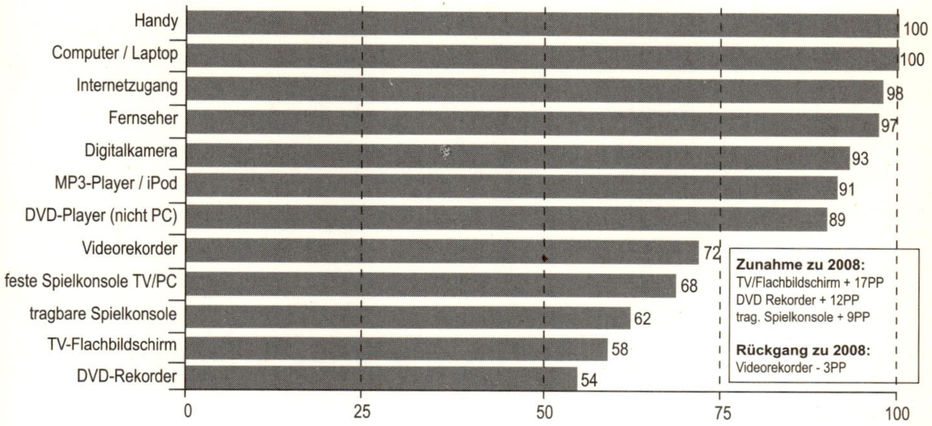

Quelle: JIM-Studie 2009 (leicht abgewandelt), Angaben in Prozent
Basis: alle Befragten, n = 1 200

Kinder schnell auf 96 Prozent. Jedes zweite Kind beschäftigte sich fast täglich mit dem Computer; zwei von drei Kindern waren mindestens einmal in der Woche online, bei den Kindern unter sechs Jahren waren es immerhin bereits neun Prozent.

Was löst diese Faszination der Neuen Medien aus?

Der erwähnten KIM-Studie zufolge werden in erster Linie Computer genutzt, um zu spielen – allein oder gemeinsam mit anderen Kindern. Bereits an zweiter und dritter Stelle folgen das Arbeiten für die Schule und das Nutzen von Lernprogrammen.

Wie das nachfolgende Schaubild zeigt, ist das Internet in der Altersgruppe der 6- bis 13-Jährigen hauptsächlich ein Informationslieferant. Knapp die Hälfte aller Befragten recherchiert dort für den Unterricht oder sucht nach Themen, die sie persönlich interessieren. Erst an dritter Stelle folgen Onlinespiele.

Internettätigkeit 2006 (mindestens einmal pro Woche)

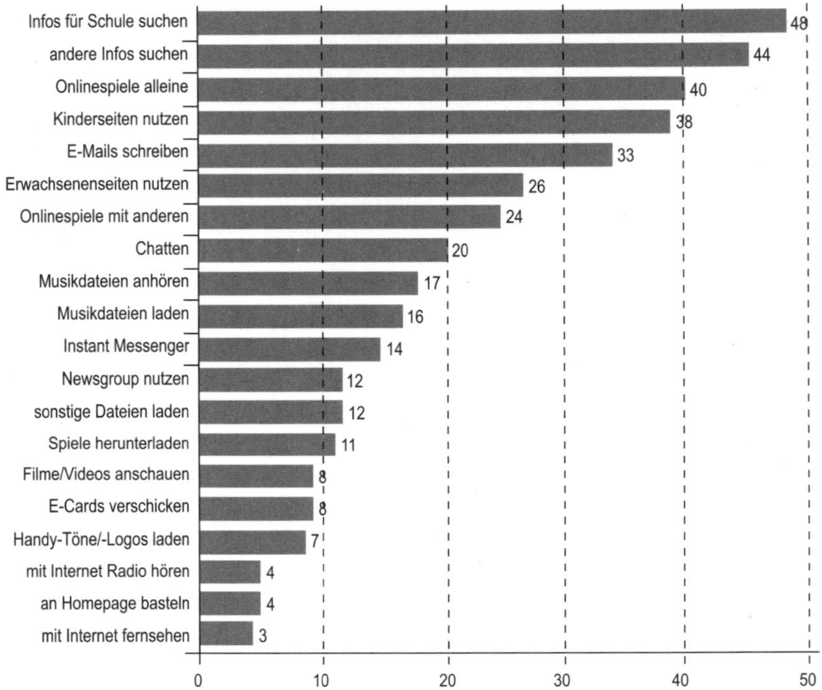

Quelle: KIM-Studie 2006 (leicht abgewandelt), Angaben in Prozent
Basis: Internetnutzer, n = 695

Die im Jahr 2009 von ARD und ZDF in Auftrag gegebene repräsentative Onlinestudie unter 1806 Befragten bestätigt den Trend. Wie bereits im Vorwort erwähnt, ist der Anteil derjenigen, die online sind, auf 43,5 Millionen (67,1 Prozent aller Deutschen) gestiegen. Noch bemerkenswerter ist allerdings die Tatsache, dass fast alle (96,1 Prozent) der 14- bis 29-Jährigen das Internet regelmäßig nutzen. Unter den 30- bis 49-Jährigen sind es immerhin noch 84,2 Prozent und unter den Über-50-Jährigen mittlerweile 40,7 Prozent.

Der Studie zufolge wird das Internet nicht mehr hauptsächlich zum Spielen oder Recherchieren genutzt. Knapp zwei Drittel aller Internetnutzer (62 Prozent) schauen sich online Videos an oder Fernsehsendungen, die sie zum Zeitpunkt ihrer Ausstrahlung verpasst haben. Damit wird der Computer zum Ersatz des einst hochverehrten Videorekorders. Rund die Hälfte aller Onlinenutzer (51 Prozent) laden sich Musikdateien (Songs oder ganze Radiosendungen) herunter.

Beachtenswert ist an den Ergebnissen dieser Erhebungen, dass mehr als eines von vier Kindern Internetseiten mit Inhalten nutzt, die für Erwachsene bestimmt sind.

⚠ **Verschaffen Sie sich einen Überblick über das Internetverhalten Ihres Kindes. Gehen Sie gemeinsam mit ihm online und zeigen Sie ihm vorbildliche, interessante Internetseiten speziell für Kinder. Eine Orientierung hierzu gibt Ihnen das erste Kapitel dieses Buches.**

Kinder suchen in den Neuen Medien vor allem die Dinge, die sie aus ihrer Lebens- und Alltagswelt kennen. Zu den bevorzugten Themen gehören mit zunehmendem Alter Aussehen und Wirkung auf andere, die Suche nach Anerkennung und das Erwachsenwerden. Rollenmodelle und Vorbilder finden sie in den Trends ihrer Spielzeugwelt genauso wie unter ihren Idolen aus der Musikbranche, dem Sport oder aus Filmen.

Jüngere Kinder nutzen den Computer und das Internet hauptsächlich zum Spielen, vor allem weil sie noch nicht ausreichend lesen können, um nach Informationen zu suchen oder online zu kommunizieren.

⚠ **Auch wenn Ihr Kind noch nicht lesen oder schreiben kann, kann es – gemeinsam mit Ihnen – die vielfältigen Angebote nutzen, die die Neuen Medien bieten: Bilder herunterladen, ausdrucken und ausmalen, puzzlen, spielen.**

Die Art der Mediennutzung und auch der Umfang hängen einerseits mit dem Verhalten der Freunde zusammen, aber auch der elterliche Medienkonsum beeinflusst die Kinder diesbezüglich. Werden in der Grundschule Computer eingesetzt, um an Informationen zu gelangen (etwa über das Internet oder mithilfe von Lernprogrammen), schlägt sich dies auch in der Freizeitnutzung nieder: Zwar ist auch bei Kindern ab sieben Jahren der Unterhaltungswert der Neuen Medien sehr wichtig, das Finden von Informationen gewinnt jedoch mehr und mehr an Bedeutung.

Mit zunehmendem Alter und besseren Lese- und Schreibfertigkeiten nimmt auch das Interesse an den kommunikativen Möglichkeiten des Internets zu. Während die jüngeren Kinder zur Kommunikation das Handy vorziehen, bedienen sich die über Zehnjährigen zunehmend der E-Mail- und Chatfunktionen des Computers.

Der Entdeckerdrang, das Ausprobieren von etwas Neuem und die Suche nach der eigenen Position in der Gesellschaft werden dann zunehmend bedeutsam. Auch diese Bedürfnisse vermag das Internet in besonderer Weise zu befriedigen, und so kommt es, dass Teenager und Jugendliche besonders fasziniert sind von sozialen Netzwerken, in denen sie sich selbst präsentieren, Freunde finden und flirten können oder sich einfach mit Gleichgesinnten über Probleme in der Schule oder mit den Eltern austauschen. Auch in dieser Altersgruppe ist es ratsam, dass Eltern ihren Kindern zur Seite stehen. Dies bedeutet häufig einen Balanceakt, um den Heranwachsenden nicht das Gefühl zu geben, sie würden permanent kontrolliert.

Noch intensiver genutzt als Computer und Internet werden mittlerweile Handys. Kein anderes Medium hat sich unter Kindern und Jugendlichen so schnell verbreitet: Verfügten laut JIM-Studie 1999 noch 14 Prozent der 12- bis 19-Jährigen in Deutschland über ein eigenes Mobiltelefon, waren es 2005 bereits 92 Prozent. Ab der 4. Schulklasse gehört das Handy also zur Normalität, und auch unter den Grundschülern steigt der Besitz dieser Geräte stetig an. Rund ein Drittel der Acht- bis Neunjährigen benutzt inzwischen regelmäßig ein Handy.

Im Prinzip ist dies ja eine gute Sache: Wir Eltern fühlen uns einfach sicherer, wenn wir wissen, dass unser Kind jederzeit mit uns Kontakt aufnehmen kann – und wir mit ihm. Es beruhigt uns, dass wir für unsere Kinder da sein können, auch wenn wir räumlich voneinander getrennt sind.

Dabei ist das Telefonieren aber gar nicht der ausschlaggebende Grund für den Besitz eines mobilen Telefons – zumindest für die Kinder und Jugendlichen nicht. Als Allround-Medium dient es ihnen vornehmlich zur Koordination des Tagesablaufs, zur Selbstinszenierung und als permanente Verbindung zum Freundeskreis. Darüber hinaus ist das Handy bereits in der Grundschule zu einem wichtigen Statussymbol geworden. Wie Studien ergaben, können drei von vier Zweitklässlern die Marke ihres Handys benennen. Der Besitz eines »coolen« Handys entscheidet häufig über die Zugehörigkeit zu einer Gruppe. Hierzu zählt bereits in jungen Jahren das Aussehen – flache Geräte sind besonders chic, insbesondere wenn sie mit persönlichen Klingeltönen, Hintergrundbildern und anderen Accessoires ausgestattet sind.

Als meistgenutzte Funktion des Mobiltelefons wird die Möglichkeit genannt, Kurzmitteilungen (SMS) zu verfassen. Zunehmende Bedeutung gewinnt mittlerweile auch das Fotografieren und Filmen mit dem Handy, was in Bezug auf die Verbreitung jugendgefährdender Inhalte und auch pornografischen Materials nicht unproblematisch ist (vgl. hierzu Kapitel 2).

Nutzung verschiedener Handyfunktionen (täglich/mehrmals pro Woche)

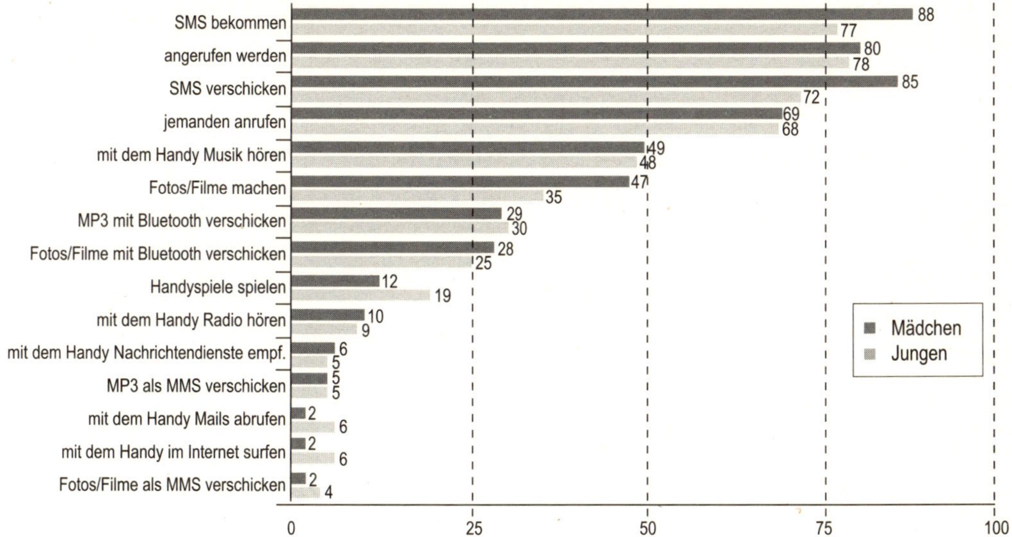

Quelle: JIM-Studie 2009 (leicht abgewandelt), Angaben in Prozent
Basis: Handybesitzer, n = 1 143

Kinder und Jugendliche sind also überaus fasziniert von den Neuen Medien und nutzen diese auf mannigfaltige Weise. Um sie sinnvoll und wachsam einsetzen zu können, brauchen sie vor allem bei ihren ersten Schritten die führende Hand ihrer Eltern, die sie stark macht, selbst auf dem rechten Weg zu bleiben und den Herausforderungen und Gefahren zu widerstehen. Wie Sie dies erreichen können, zeigen Ihnen die nachfolgenden Kapitel.

Level 1

Kinder auf dem Weg ins globale Dorf

»Meine Mama hat gesagt, ich darf nur ins Internet, wenn sie neben mir sitzt. Das ist manchmal echt doof. Meine Klassenkameraden dürfen das schon ganz allein.«

Alessa, 10 Jahre

»Meine Eltern kommen erst am späten Nachmittag nach Hause. Wenn ich aus der Schule komme, ist meist meine Oma da. Der ist das egal, ob ich ins Internet gehe.«

Jan, 9 Jahre

»Ich bin neulich im Internet auf einen Film gestoßen, in dem ein Junge brutal zusammengeschlagen wurde. Danach hatte ich solche Angst, dass ich gar nicht schlafen konnte.«

Marvin, 10 Jahre

Drei Kinder, drei unterschiedliche Erfahrungen mit dem Internet, drei verschiedene Verhaltensweisen der Erziehungsberechtigten. Aber welche Handhabung ist die richtige? Gibt es überhaupt die eine richtige Lösung, mit der wir Eltern dem Wunsch unserer Kinder begegnen sollten, ins Internet zu gehen? Welche Möglichkeiten bietet das weltweite Netz unseren kleinen Schätzen, welche Gefahren lauern dort? Und wie kann ich mein Kind stark machen, diesen Gefahren aus dem Weg zu gehen?

Dieses Kapitel gibt Ihnen Antworten auf Ihre Fragen, wie Kinder das Internet sinnvoll und altersgerecht nutzen können. Wenn Sie einige Vorsichtsmaßnahmen und Regeln beachten, werden Sie feststellen, dass es riesigen Spaß macht, gemeinsam mit dem Kind »surfen zu gehen«. Dazu müssen Sie kein Computerfreak oder Experte sein. Alle wichtigen Informationen finden Sie in diesem Buch.

Stufe 1
Informationen weltweit – das World Wide Web

Herzlich willkommen in der faszinierenden Welt des Internets, dem weltweit größten Computernetz, das mittlerweile seit mehr als zwei Jahrzehnten eine umfangreiche Sammlung vielfältiger Informationen der unterschiedlichsten Fachgebiete bereithält. Das Internet ist ein öffentliches, weltweit operierendes Netzwerk aus vielen einzelnen Netzwerken, das Ende der 1960er-Jahre aus dem für das amerikanische Verteidigungsministerium entwickelten ARPANET (Advanced Research Project Agency Network) hervorging. Zunächst war dieses Netz lediglich für den Austausch von Wissenschaftlern der für das Militär arbeitenden Forschungsstellen konzipiert. Jedoch schlossen sich diesem Netzwerk mit der Zeit immer mehr Universitäten an, um an dem Informationsaustausch teilhaben zu können. Heute setzt sich das Internet zusammen aus unterschiedlichen Diensten, weswegen es auch als Verbund- und Konvergenzmedium bezeichnet wird. Zu diesen Diensten gehören etwa das World Wide Web (www), das Versenden und Empfangen von elektronischen Nachrichten (E-Mails) oder Online-Kommunikationsmöglichkeiten (zum Beispiel Chats), um nur einige zu nennen.

Diese Dienste bieten unterschiedliche Nutzungsmöglichkeiten, wie etwa die Kommunikation, Information, Unterhaltung oder den Transfer von Daten.

Entscheidend für den heutigen Erfolg des Internets war die allgemeine Nutzungsmöglichkeit, die durch die Entwicklung des World Wide Web geschaffen wurde. Dieses erlaubt dem Benutzer, die gewünschten Informationen weltweit zu jedem Zeitpunkt abzurufen und auf seinem heimischen Rechner in ansprechender Weise darzustellen. Es bietet multimediale Kombinationen von strukturiertem Text mit Grafiken, Sound und Video und ermöglicht mithilfe von Hypertext-Verweisen die Verknüpfung von einzelnen Dokumenten untereinander. In einem solchen Hypertextsystem (oder besser Hypermediasystem, da Verweise nicht nur zu Texten geführt werden können, sondern auch zu Grafiken, Filmsequenzen etc.) werden die Informationen in Abschnitte unterteilt und untereinander verknüpft. Zu diesen Abschnitten kann der Benutzer mit einem Mausklick geführt werden, sodass er nicht mehr einen gesamten Text durchlesen muss, um eine gewünschte Information zu erhalten.

Die Wurzeln des heutigen World Wide Web sind zu Beginn der 1990er-Jahre am Europäischen Forschungszentrum für Teilchenphysik CERN (Centre Européen pour la Recherche Nucléaire) in Genf zu finden, an dem man ursprünglich ein Hypertextsystem für Hochenergiephysiker in aller Welt programmieren wollte. Dieses System war als eine Plattform gedacht, auf der Forschungsberichte und Ähnliches anderen Physikern weltweit verfügbar sein sollte. Im Juli 1994 kam es schließlich zur Gründung der W3-Organisation, die für die weitere Entwicklung des World Wide Web verantwortlich ist.

Das Internet stellt dem Benutzer also ein digitales Netzwerk aus einzelnen Netzen zur Verfügung, das jedem von zu Hause und von jedem beliebigen Ort den Zugriff auf entfernte Server mit (multimedialen) Informationen ermöglicht. Es unterstützt transaktionsorientierte Anwendungen wie Homebanking, interpersonelle Kommunikation mittels elektronischer Nachrichten oder Diskussionsforen, audiovisuelle Gruppenarbeit über Kommunikationsplattformen oder Videokonferenzen sowie E-Learning. Des Weiteren erlaubt das World Wide Web jedem Benutzer, sich auf einfache Weise über seinen eigenen Rechner in einen Server einzuschalten und seine individuellen Informationen in Form von Gedanken, Wissen oder künstlerischen Darstellungen anderen zur Verfügung zu stellen.

Zum Abrufen und Anzeigen der im Internet vorhandenen Informationen wird ein sogenannter Browser benötigt. Die Kommunikation zwischen dem World Wide Web und dem Browser wird gewährleistet durch das Hypertext Transfer Protocol (http).

Die Hypertext-Auszeichnungssprache (HTML) entstand 1990 wie die Urform des World Wide Web am europäischen Hochenergieforschungszentrum in Genf, um Dokumente von Physikern weltweit zu vernetzen und Kollegen an anderen Instituten einen einfachen Zugang zu ihren Erkenntnissen zu ermöglichen.

Die Vorteile des Internets liegen auf der Hand. Durch die sekundenschnelle Übertragung von Daten wird eine konstante Aktualität der zur Verfügung stehenden Informationen gewährleistet. Diese Aktualität erstreckt sich von den minutengenauen Börsenkursen weltweiter Aktiengesellschaften über Ergebnisse aus allen Bereichen des Sports bis hin zur Information über tagesaktuelle Geschehnisse. Oftmals lassen sich schon kurze Zeit nach einem Ereignis erste Seiten im Internet finden, die darüber berichten. Die Tatsache, dass das Internet kein geschlossenes Medium ist wie beispielsweise ein Buch, garantiert außerdem eine individuelle Anpassung und mögliche Veränderung der Informationen.

Um in die scheinbar unendliche Informationsflut des World Wide Web eintauchen zu können, benötigen Sie neben dem Internetzugang zunächst ein Programm, das Ihnen das Anzeigen der Internetseiten ermöglicht. Dieses Programm wird »Browser« genannt (von engl. to browse = schmökern, sich umsehen). Ein solcher Browser präsentiert Texte, Bilder und Videos auf dem Bildschirm und bietet ferner die Möglichkeit, Eingaben in Online-Formulare zu machen. Ein Mausklick auf einen markierten Begriff oder auf ein Bild veranlasst den Browser, Kontakt mit dem Informationsserver aufzunehmen, der sich hinter dem entsprechenden Hypertextlink verbirgt, das gewünschte Dokument abzurufen und es dem Benutzer auf seinem Bildschirm anzuzeigen.

Jeder Computer, der mit dem Internet verbunden ist, hat seine eigene Nummer, mit der er von anderen Rechnern weltweit identifiziert werden kann. Diese Internet-Protocol-Adresse (IP) besteht aus vier Zahlen, die jeweils mit einem Punkt voneinander getrennt sind. Um einen verlinkten Rechner direkt anzusprechen, benötigt man dessen Adresse. Da sich aber kaum ein Mensch derartige Ziffernfolgen merken kann, erhalten die Internetseiten einen weiteren Namen, über den sie angesprochen und identifiziert werden können – den Domainnamen (zum Beispiel web.de). Schon anhand dieses Namens können Sie eine Reihe von Informationen über den Urheber der Webseite ableiten. Die Buchstaben hinter dem letzten Punkt der Adresse deuten auf das Land hin, in dem die Seite veröffentlicht wurde. Dabei steht .de für Deutschland, .at für Österreich, .ch für die Schweiz, .it für Italien, .nl für die Niederlande, .uk für das Vereinte Königreich usw. In manchen Namen findet man unmittelbar vor diesem Nationalitätskennzeichen ein weiteres Kürzel. In einem solchen Fall bezeichnet in der Regel das Kürzel

.org eine Organisation, .ac (USA: .edu) eine akademische Organisation (Universität, College etc.), .gov eine Regierungs-, .mil eine Militärbehörde sowie .net ein Unternehmen, das sich auf Internetdienstleistungen spezialisiert hat.

Um eine gewünschte Webseite anzuzeigen, geben Sie nun deren Adresse, die auch als URL (Uniform Resource Locator) bezeichnet wird, in der entsprechenden Eingabezeile im Browser ein. Zu einer vollständigen Adresse gehört neben dem oben erwähnten Domainnamen die Bezeichnung http:// (Hypertext Transfer Protocol – das System, mit dem Webseiten über das Internet verschickt werden), gefolgt von www (World Wide Web), also beispielsweise http://www.web.de. Von einer geöffneten Webseite aus können Sie sich im Internet bewegen, indem Sie auf einen Hyperlink klicken. Dies kann entweder ein unterstrichenes Textelement oder eine Abbildung sein, auf die Sie klicken, um zu einer anderen Webseite zu springen. Sie erkennen einen Hyperlink daran, dass sich der Mauszeiger in eine Hand verwandelt, sobald Sie ihn in das entsprechende Feld hineinbewegen.

Eine Liste der zuletzt besuchten Seiten können Sie mit »Verlauf«, bevorzugte und häufig besuchte Webseiten durch Anklicken auf »Favoriten« anzeigen lassen. Ihr Browser speichert automatisch alle aufgerufenen Seiten in einer Liste und versieht diese Aufzeichnungen mit dem Datum Ihres Besuches. Sollten Sie nun eine Seite erneut anzeigen wollen, die Sie vor einigen Tagen schon einmal aufgesucht haben, klicken Sie auf die Schaltfläche »Verlauf«. In der daraufhin erscheinenden Liste wählen Sie das entsprechende Datum Ihres letzten Besuches dieser Seite und klicken dann auf den Namen des Dokuments.

Möchten Sie mit der Funktion »Favoriten« Ihre Lieblingsseiten oder die für Ihr Kind geeigneten Seiten anzeigen lassen, müssen Sie diese zuvor allerdings mit einem Lesezeichen, einem sogenannten Bookmark, versehen. Stoßen Sie beim Stöbern durch das Internet auf eine für Sie oder Ihr Kind interessante Webseite, müssen Sie sich nicht deren komplette Adresse merken. Viel einfacher können Sie über das Menü »Favoriten – Zu Favoriten hinzufügen ...« ein Lesezeichen setzen. Geben Sie der Seite im Eingabefeld einen Namen, unter dem Sie bzw. Ihr Kind sie später wiedererkennen kann. Ihr Kind kann dann einfach aus der Favoritenliste den entsprechenden Namen auswählen und muss nicht den gefährlichen Umweg über eine Suchmaschine gehen.

Haben Sie mehrere Favoriten, können Sie diese zur einfacheren Wiedererkennung entsprechenden Rubriken zuordnen. Dazu klicken Sie nach der Eingabe des Namens auf die Schaltfläche »Erstellen in« und wählen anschließend den Punkt »Neuer Ordner«. Geben Sie hier den Namen der Rubrik an, der Ihre neue Lieblingsseite zugeordnet werden soll (zum Beispiel »Lenas Internet«). Die Zuweisung von Seiten zu Rubriken ist auch nachträglich noch möglich. Rufen Sie dazu im Menü »Favoriten« den Punkt »Favoriten verwalten« auf, und es erscheint ein Fenster, in dem Sie neue Ordner (also Rubriken) erstellen sowie bereits bestehende Ordner umbenennen oder löschen können. Außerdem können Sie hier Ihre Lieblingsseite einer neuen Rubrik bzw. einem neuen Ordner zuordnen.

Einige der im Verlaufsplan und unter »Favoriten« gespeicherten Adressen lassen sich sogar offline erneut betrachten, das heißt, Sie benötigen zum erneuten Betrachten dieser Seiten keine Verbindung zum Internet, da Ihr Computer die Informationen einiger Seiten zwischenspeichert.

Um die Übersicht über die wichtigen Seiten behalten zu können, sollten Sie regelmäßig die Einträge in der Favoritenliste und dem Verlauf überprüfen und diese Listen gegebenenfalls um unwichtig gewordene und nicht mehr benötigte Adressen reduzieren.

⚠ **Richten Sie Ihrem Kind eine Reihe von Favoriten ein – Seiten, die empfehlenswert sind und häufig genutzt werden. Auf diese Weise kann das gewünschte Angebot direkt aufgerufen werden, ohne den Umweg über eine Suchmaschine gehen zu müssen.**

Die von Ihnen bzw. Ihrem Kind am häufigsten besuchte Seite sollten Sie zur Erleichterung Ihrer Arbeit als Startseite definieren. Bei jedem Aufrufen Ihres Browsers wird diese voreingestellte Seite im Internet gesucht und auf Ihren Rechner heruntergeladen. Sie ersparen sich demnach Zeit, wenn schon zu Beginn die gewünschte Seite aufgerufen wird und nicht eine völlig belanglose. Wählen Sie hier im Menü »Extras« die Rubrik »Internetoptionen« und geben Sie in der Kartei »Allgemein« die gewünschte Startadresse an. Ein Klick auf die Schaltfläche »Aktuelle Seite« übernimmt die derzeit aufgerufene Internetseite als Startseite. Sollten Sie keine bevorzugte Seite haben, die bei jedem Start angezeigt werden soll, klicken Sie hier auf die Schaltfläche »Leere Seite«.

Der Browser bietet Ihnen darüber hinaus weitere Einstellmöglichkeiten, die das Surfen im Internet sicherer machen. So können Sie beispielsweise das Anzeigen von Pop-Up-Fenstern (in denen häufig nur unerwünschte Werbung enthalten ist) unterbinden oder das Ausführen von Scripts einschränken. Um eine schnellere Anzeige häufig besuchter Seiten zu ermöglichen, speichert der Browser Daten über Ihr Surfverhalten, die beim nächsten Besuch der Seite offline hervorgeholt werden. Diese sogenannten temporären Dateien sollten Sie regelmäßig löschen. Dasselbe gilt für »Cookies«, die den Internetanbietern die Möglichkeit geben, Ihr Surfverhalten auch über mehrere Sitzungen hinweg zu analysieren.

Stufe 2

Fortsetzung folgt ...
Web 2.0, das Mitmachnetz

Das World Wide Web hat sich weiterentwickelt. Es dient mittlerweile nicht mehr nur der Recherche und dem Informationsaustausch, sondern ist zu einem regelrechten »Mitmachnetz« geworden, in dem sich jeder darstellen und verewigen kann. Inhalte, Bilder und ganze Videofilme lassen sich problemlos austauschen, Kontakte aufrechterhalten oder neue Freundschaften finden. Weltweit. Von jedem Ort. Zu jeder Zeit. Ob Fotos von der letzten Party, ein Musikclip oder das Tagebuch der Klassenfahrt – die Kommunikation hat eine neue Dimension erhalten.

Diese Gestaltungsmöglichkeit kommt bei den Heranwachsenden an: Rund zwei Drittel der Internetnutzer produzieren täglich oder mehrmals pro Woche eigene Inhalte, die sie dann online anderen Interessenten zur Verfügung stellen. Und die Möglichkeiten, die die Nutzer dabei haben, sind sehr vielfältig: Es gibt

- Blogs, die die herkömmlichen Tagebücher ersetzen,
- Newsgroups, die zu allen erdenklichen Themen Austauschmöglichkeiten mit selbst ernannten Experten ermöglichen,
- Online-Communitys, in denen sich Gleichgesinnte zusammenschließen und sich zu einem Themengebiet austauschen,
- soziale Netzwerke, in denen sich Menschen präsentieren und mit Freunden verabreden bzw. neue Freunde finden können,
- Instant Messenger, die eine schnelle, unkomplizierte Kommunikation ermöglichen,
- eine Vielzahl an Chaträumen, in denen ebenfalls miteinander kommuniziert werden kann,

- Verschmelzungen zwischen Internet und Handy, wie etwa bei Twitter. Hierbei handelt es sich um eine Möglichkeit, eine Kurzmitteilung (SMS) per Handy an beliebig viele Adressaten gleichzeitig zu versenden.

Auf den folgenden Seiten finden Sie Beispiele dieser genannten Möglichkeiten.

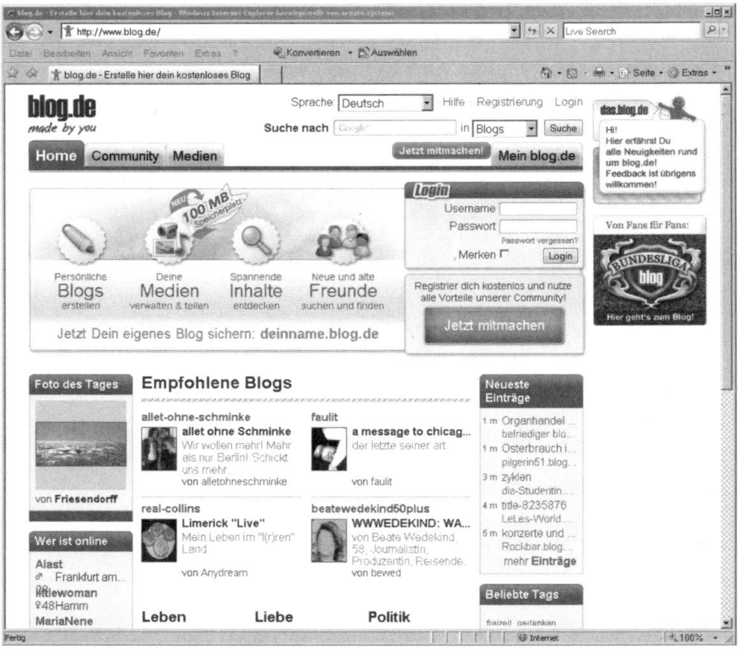

http://www.blog.de (Blog)

Darüber hinaus gibt es komplexe virtuelle Welten (zum Beispiel Second Life), die Einzelheiten des Lebens abbilden und vereinfachen. Beispielsweise lassen sich darüber weltweite Konferenzen und Seminare abhalten, ohne dass die Teilnehmer dafür anreisen müssten. Sie kommunizieren einfach über das Internet miteinander, und zwar so, als wären sie wirklich vor Ort.

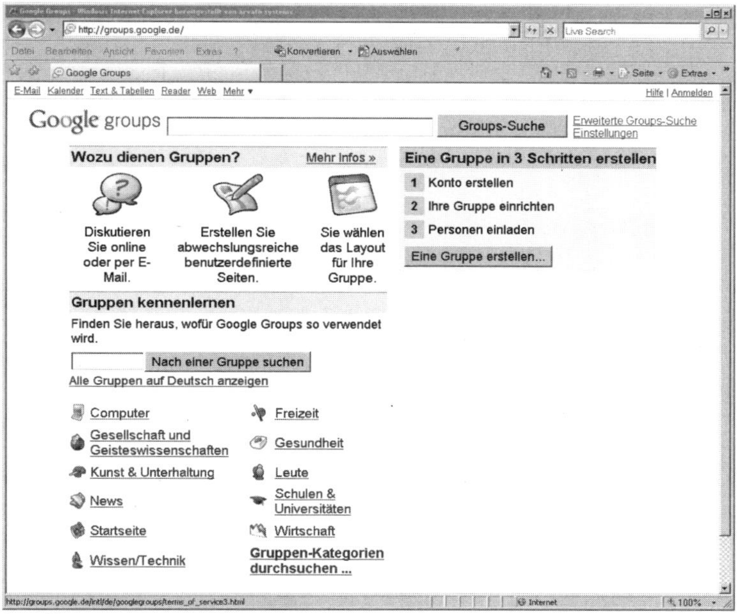

http://groups.google.de (Newsgroup)

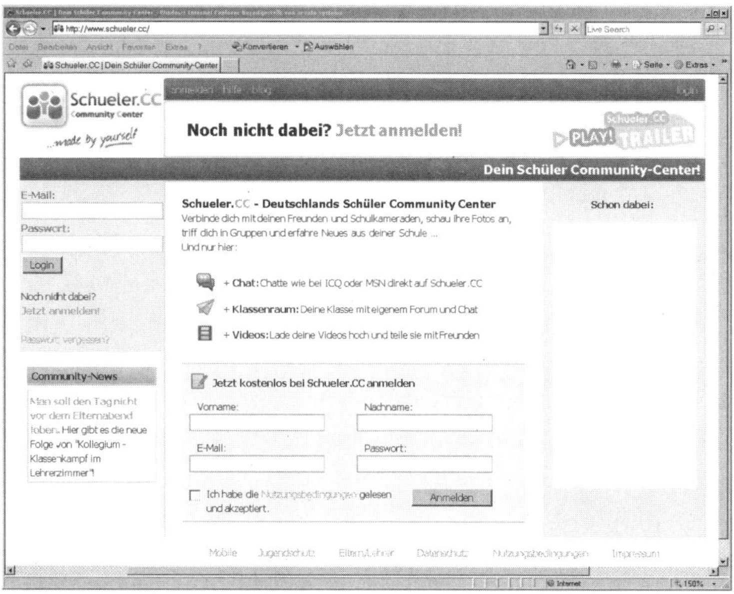

http://www.schueler.cc (Online-Community)

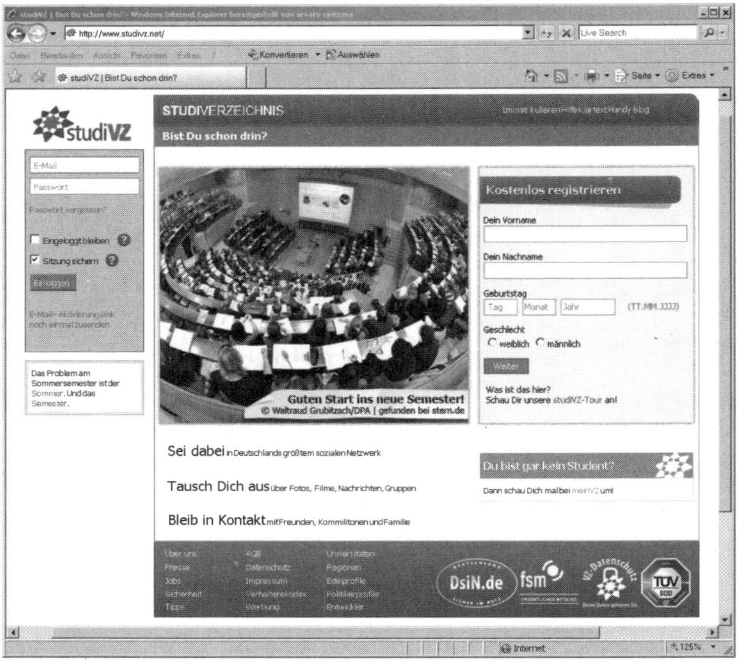

http://www.studivz.net (soziales Netzwerk)

Geprägt wurde der Begriff »Web 2.0«, der heute weltweit in aller Munde ist, von den Amerikanern Craig Line und Dale Dougherty, die in den neuen, interaktiven Plattformen wie Wikipedia, Youtube oder Flickr als Erste eine neue Ära des World Wide Web erkannten. Seit dem Jahr 2004 organisieren sie aus diesem Grund die jährlich stattfindende »Web 2.0-Konferenz«.

Das Web 2.0, als Plattform von allen für alle, bietet also eine Vielzahl neuer, faszinierender Möglichkeiten, die die Kommunikation zwischen den Menschen für private oder berufliche Zwecke erheblich vereinfachen. Große Vorerfahrungen oder gar Kenntnisse in einer Programmiersprache sind nicht erforderlich. Jeder, der einen Computer mit Internetzugang besitzt, kann und darf mitmachen. Allerdings bergen diese Möglichkeiten auch Gefahren und Risiken, auf die in den nachfolgenden Abschnitten näher eingegangen wird. Dazu gehört sicher, dass die »digital ignorants«, also diejenigen, die sich dem technologischen Fortschritt verweigern, und auch die, die recht unerfahren auf dem Gebiet neuer Technologien sind, allmählich an den Rand der Gesellschaft gedrängt werden. Zur Teilnahme am aktiven Leben gehört heute das aktive Mitmachen im Internet. Völlig Fremde werden hier mit nur wenigen Klicks zu Freunden, Freunde ohne Internetzugang werden zu Fremden, wenn sie nicht in der im Netz gewohnten Schnelligkeit miteinander kommunizieren können. E-Mail, Chats und andere moderne Kommunikationsmittel ermöglichen eine Erreichbarkeit rund um die Uhr, von nahezu jedem Winkel der Welt aus.

http://www.icq.de (Instant Messenger)

http://www.fragfinn.de/kinderleiste.html (Kinder-Chatraum)

Auch thematisch stellt das »neue« Internet einige Herausforderungen dar. So gibt es zahlreiche Angebote zu Themen, die nicht unbedingt für Kinder und Jugendliche geeignet sind. Dazu zählen etwa rechtsradikale Inhalte, aber auch Suizidforen, in denen Tipps zur Selbsttötung ausgetauscht werden, oder Foren, die die Magersucht verherrlichen. In den nachfolgenden Abschnitten werden viele Hinweise gegeben, wie Sie Ihr Kind stärken können, damit es nicht in die Fänge dieser Schattenseiten des Web 2.0 gerät.

Ihnen als Elternteil kommt die Aufgabe zu, Ihr Kind bei seinen Erfahrungen mit den Neuen Medien Internet, Handy und Co. zu unterstützen und beratend zur Seite zu stehen. Dies ist keinesfalls ein Hexenwerk, denn mit dem Datenverkehr verhält es sich oftmals wie mit dem Straßenverkehr: Schon kleine Kinder wissen, dass sie stehen bleiben müssen, wenn die Ampel das rote Männchen zeigt, da ansonsten Gefahr droht. Dies haben sie von Ihnen gelernt und somit verinnerlicht. Genauso verhält es sich mit den Gefahren der Neuen Medien. Ihr Kind und Sie selbst müssen sich auf die neuen Herausforderungen einstellen, die Ihnen begegnen, und gemeinsam Handlungsalternativen in Gefahrensituationen besprechen.

Die Neuen Medien bieten eine Vielzahl großer Chancen, vielleicht die größten dieses und des vorigen Jahrhunderts, die nur genutzt werden können, wenn Eltern und Kinder sich aktiv auf die Datenautobahn begeben und das Web 2.0 mitgestalten, anstatt dies nur den anderen zu überlassen.

http://twitter.com (Twitter)

Stufe 3

Wie begleite ich mein Kind bei seinen ersten Schritten im Netz?

Das Surfverhalten von Kindern unterscheidet sich stark von dem der Erwachsenen. Sie können noch nicht zwischen Sachinformationen und Werbung unterscheiden und sind durch die komplexe, vernetzte Struktur des Internets oft überfordert. Für sie ist das World Wide Web ein riesiger Rummelplatz, der immer neue Möglichkeiten für sie eröffnet, aber der sie auch immens fordert und eine ausgeprägte Lese- und Schreibkompetenz voraussetzt. Aus diesen Gründen ist es unerlässlich, dass Sie als Eltern Ihre Kinder auf den ersten Schritten im Netz begleiten. Wie, das erfahren Sie in diesem Abschnitt.

»Was genau sind denn die Gefahren, die vom Internet ausgehen?«

Zunächst einmal sei an dieser Stelle erwähnt, dass vom Medium Internet an sich keine Gefahr ausgeht, sondern vielmehr von seinen Diensten. Genau wie Lkws häufig in Unfälle auf Autobahnen verwickelt sind und trotzdem nicht der gesamte Gütertransport allein aus diesem Grund infrage gestellt wird, darf auch nicht das Internet per se verteufelt werden. Auf der anderen Seite ist aber auch das Gefahrenpotenzial nicht nur auf einen Dienst beschränkt. Im Straßenverkehr können Sie auch in einen Unfall verwickelt werden, selbst wenn kein einziger Lkw unterwegs ist, und genauso sind beispielsweise Pädophile nicht nur eine Gefahr in Chaträumen, sondern können mit Ihrem Kind auch Kontakt über E-Mail aufnehmen, wenn die Adresse bekannt ist.

Über die nachfolgend in diesem Kapitel aufgeführten Schattenseiten des Internets hinaus gibt es weitere Gefahrenpotenziale, die Sie im Blick haben müssen. Hierzu zählen Isolation, mangelnde Bewegung, verzerrte Vorstellungen der Realität, gewalttätige Verhaltensmuster sowie eine Überforderung bzw. Verängstigung durch jugendgefährdende Inhalte. Im Einzelnen sind dies:

- Rechtsextremismus
- Pornografie, Prostitution
- Gewalt und erhöhte Gewaltbereitschaft
- Pädophilie
- Betrug/Abzocke
- Datenmissbrauch
- Sucht
- Suggerieren von Beziehungen
- Cybermobbing und -bullying (Beleidigungen, Beschimpfungen, Psychoterror)
- Grooming (Anbahnung eines sexuellen Missbrauchs), sexuelle Belästigungen
- Urheberrechtsverletzungen
- Isolation
- Verletzung der Menschenwürde
- Waffen

»Warum sollte mein Kind überhaupt ins Internet gehen?«

Das Medium bietet neben seinen Schattenseiten ein ungeahntes Potenzial, das Sie Ihrem Kind nicht verwehren dürfen. Außerdem besteht bei einem strikten Verbot die Gefahr, dass Ihr Kind ohne Ihr Wissen und unbeaufsichtigt die Internetwelt entdeckt und sich so gänzlich Ihrem Einfluss entzieht.

Effizienzuntersuchungen im Schulungsbereich in den USA haben ergeben, dass multimedial vermitteltes Wissen – also beispielsweise durch das Surfen im Internet – den Behaltensgrad auf 50 Prozent bis 400 Prozent erhöht, während die Lernzeit auf 23 Prozent bis 46 Prozent verkürzt wird. Außerdem konnte nachgewiesen werden, dass die Aufmerksamkeit und Konzentrationsfähigkeit der Lernenden auf über 54 Minuten ansteigt, während sie im konventionellen Unterricht lediglich 21 Minuten ausmacht.

Menschen erfassen etwa 80 Prozent ihres Wissens durch Sehen, zehn Prozent durch Hören, vier Prozent durch Riechen und zwei Prozent durch Tasten und Schmecken. Behalten und fest im Langzeitgedächtnis verankert werden jedoch nur 20 Prozent des Wissens, das der Mensch sieht, und 30 Prozent von dem, was er hört. Von den Informationen, die er gleichzeitig auditiv und visuell aufnimmt, behält er hingegen 50 Prozent, und sogar 80 Prozent von dem, was er bei einer aktiven Beteiligung gleichzeitig sehen, hören und tun kann. Der Mensch lernt immer dann effektiv, wenn seine Neugier geweckt ist. Dies geschieht vor allem durch Entdecken und Ausprobieren.

All die zuvor erwähnten lerntheoretischen Erkenntnisse sind die Stärke des Internets, das Texte um Bilder und Filmsequenzen erweitert, um den visuellen Kanal anzusprechen. Als Ergänzung dazu werden Sounddateien integriert, da auch die Sprache ein effizientes Medium beim Wissenserwerb darstellt. Die Interaktivität multimedialer Anwendungen regt schließlich zur Teilnahme an und fördert somit das Prinzip des Learning by Doing. Kinder aller Altersstufen sind von einer multimedialen Arbeitsweise begeistert und lernen mit großem Engagement.

Das Internet ermöglicht durch seinen globalen Charakter die Überwindung von nationalen Grenzen und fördert einen demokratischen Informationsaustausch. Beides zeigte sich nicht zuletzt an der Berichterstattung über den Irankonflikt im Juni und Dezember 2009, als sämtliche Informationen aufgrund einer straffen Zensur hauptsächlich über Handy und Internetforen verbreitet wurden. Das Internet ermöglicht ferner neue Kommunikationsoptionen, bietet eine Geld- und Zeitersparnis, beispielsweise im Vergleich zwischen dem Versenden eines Briefes mit der Post und einer E-Mail, und fördert notwendige überfachliche Qualifikationen, wie beispielsweise IT-Kenntnisse, selbstständige Lern- und Arbeitsweisen, Flexibilität, Kreativität, Ideenreichtum, Kommunikations- und Gestaltungskompetenzen.

»Was ist das ideale Einstiegsalter?«

Eine Frage, die sich besorgten Eltern zuallererst stellt, ist die nach dem Einstiegsalter. Wann sollte ich meinem Kind die Tür zur großen, weiten Welt des Internets öffnen? Hierüber sind sich auch die Computerpädagogen nicht ganz einig. Einige Experten raten, Kinder möglichst früh an die Neuen Medien heranzuführen, und empfehlen hierfür schon ein Alter von zwei Jahren. Meiner Auffassung nach sinnvoll ist eine erste Konfrontation mit einem Medium erst dann, wenn es geeignete und für das Alter angemessene Inhalte gibt, die die Entwicklung des Kindes fördern. Dies ist momentan erst für Vierjährige der Fall. Für diese Altersgruppe gibt es bereits einige kleine Computerspiele und im Internet finden sich beispielsweise hübsche, kindgerechte Vorlagen zum Ausdrucken und Ausmalen. Damit das Kind allerdings selbst das Internet nutzen kann, muss es bereits lesen und schreiben können.

Der frühe Einstieg bietet einen entscheidenden Vorteil. Zwar macht die Nutzung der Neuen Medien keinen Einstein oder Bill Gates aus jedem Kind, aber die Heranwachsenden lernen durch die Beschäftigung mit den vernetzten Informationen im Internet selbst vernetzt zu denken. Sie erkennen den Computer als Hilfe im Alltag und lernen, ihn sinnvoll einzusetzen, mit den Inhalten des Internets wachsam umzugehen und diese qualitativ einzuschätzen.

Folgende Spielregeln sollten Sie dabei beachten:

- Vor der Schule, während der Mahlzeiten und vor dem Schlafengehen keine Nutzung des Computers!

- Computer gehören nicht ins Kinderzimmer!
- Geben Sie Anreize für eine alternative, abwechslungsreiche Freizeitgestaltung: spielen auch ohne Computer, allein oder mit Freunden, draußen toben, Fußball spielen, reiten.
- Achten Sie auf die Zeit, die Sie und Ihr Kind vor dem Computer verbringen – diese vergeht schneller, als Sie meinen!

Wichtig bei allen nachfolgend aufgeführten Empfehlungen ist, dass Sie diese nicht diktatorisch durch Strafandrohung umsetzen, sondern dass Sie sie gemeinsam mit Ihrem Kind erörtern und beschließen. Denn nur, wenn Ihr Kind ein echtes Verständnis für die Maßnahmen entwickelt, hält es diese auch konsequent ein und nimmt sie als Hilfestellung an, nicht als Gängelung.

⚠ **Stellen Sie gemeinsam mit Ihrem Kind Regeln zur Mediennutzung auf!**

Hierzu zählt beispielsweise, dass zunächst Hausaufgaben erledigt werden müssen. Feste Absprachen diesbezüglich erleichtern Ihrem Kind die Planung seines Tages. Außerdem ersparen Ihnen solche gemeinsam vereinbarten Regeln tägliche Überredungszeremonien, da Ihr Kind weiß: Wenn es die Aufgaben sorgfältig geschafft hat, darf es an den Computer.

Regeln sollten im Allgemeinen transparent und damit nachvollziehbar und auf die Sache beschränkt sein. Besprechen Sie die Regeln auf angemessene, ruhige und sachliche Weise, sodass dem Kind die Bedeutung und Notwendigkeit der Einhaltung bewusst wird.

⚠ **Setzen Sie ein Zeitlimit!**

Gerade im Internet besteht die Gefahr, dass man sich von der Informationsflut mitreißen und sich von einem Link auf den anderen treiben lässt. Schnell werden aus Minuten Stunden; die Zeit vergeht wie im Fluge. Ihr Kind sollte aber nicht seine gesamte Freizeit vor dem Bildschirm verbringen; auch der direkte soziale Kontakt mit Gleichaltrigen ist von immenser Bedeutung für seine geistige und körperliche Entwicklung. Auch aus diesem Grund sollten Sie die Dauer der Computernutzung einschränken.

Denkbar wäre in diesem Zusammenhang die Vereinbarung fester Zeiten beispielsweise in Form eines Wochenplans. Hierin vermerkt ist eine gewisse Anzahl an »Nutzungsstunden«, die sich Ihr Kind beliebig einteilen kann, bis das Wochenlimit erreicht ist. Spätestens dann ist der Heranwachsende aufgefordert, über andere Formen der Freizeitbeschäftigung nachzudenken, wie etwa Sport treiben, Freunde treffen oder gemeinsam mit den Eltern etwas unternehmen bzw. spielen.

Als Richtwert empfiehlt sich folgende Regelung:

- *unter drei Jahren:* keine Nutzung Neuer Medien
- *Vorschulkinder:* zwei bis drei Stunden pro Woche
- *Grundschulkinder:* fünf bis sechs Stunden pro Woche
- *Orientierungsstufe (5.–6. Klasse):* ein bis zwei Stunden am Tag

Ältere Kinder müssen zunehmend auch Informationen für die Schule recherchieren, Referate vorbereiten und dergleichen mehr, sodass deren wöchentliche Nutzungszeit höher zu bemessen ist. Dennoch sollte aber auch hier eine angemessene Zeit anderen Freizeitaktivitäten gewidmet werden.

Belohnen Sie Ihr Kind mit gemeinsam geplanter Zeit füreinander!

Ein besonderer Familienausflug am Wochenende, der gemeinsam geplant wird und die Wünsche der Kinder berücksichtigt, kann als Alternative zur Mediennutzung dienen. Überhaupt sollten gemeinsame Aktivitäten, zum Beispiel eine Radtour am Nachmittag oder der Kinobesuch am Wochenende, regelmäßig stattfinden. Eine tägliche, gemeinsam verbrachte Zeitspanne kann als »aktuelle Stunde« genutzt werden, in der das Kind über seine Erlebnisse in der Schule berichtet, aber in der auch die Eltern von ihrem Tag erzählen.

Kinder, egal welchen Alters, benötigen viel Zeit und Zuwendung. Sind Geschwister vorhanden, sollte jedem Kind täglich die Möglichkeit der intensiven individuellen Beschäftigung (ohne Mediennutzung!) eingeräumt werden. Je mehr Zeit Sie dafür aufbringen können, desto erfolgreicher verläuft die sprachliche und intellektuelle Entwicklung Ihres Kindes. Darüber hinaus lernen Sie die Stärken und Schwächen Ihres Kindes besser kennen und können diese gezielt fördern bzw. ausgleichen.

Surfen Sie gemeinsam mit Ihrem Kind!

Lassen Sie Ihr Kind nicht allein, wenn es seine ersten Schritte im Internet wagt. Schauen Sie sich auch später, wenn Ihr Kind bereits mehrfach online gewesen ist, kindgerechte Seiten vorher an und besprechen Sie Ihre Empfehlung mit Ihrem Kind. Für Grundschulkinder genügt es beispielsweise, wenn Sie eine Reihe guter Spiel- und Lernseiten empfehlen und Ihren Browser auf die Anzeige dieser Seiten beschränken. Dies bewerkstelligen Sie, indem Sie Ihrem Kind auf dem Computer ein eigenes Benutzerkonto einrichten, dessen Benutzerrechte Sie entsprechend einschränken. Eine Auswahl geeigneter Internetseiten für Kinder finden Sie am Ende dieses ersten Kapitels. Stoßen Sie beim gemeinsamen Stöbern im Internet auf weitere interessante Seiten, können Sie diese dem Benutzerprofil bzw. der Favoritenliste hinzufügen.

Verwenden Sie kindgerechte Suchmaschinen (Empfehlungen ebenfalls am Ende dieses ersten Kapitels) anstelle der Standardsuchmaschine für Erwachsene. Diese zeigen den Nutzern lediglich für Kinder geeignete Seiten an und bieten darüber hinaus für Kinder aufbereitete Nachrichten, Spiele und Informationen.

Haben Sie ein Ohr für die Belange Ihres Kindes und lassen Sie sich von seinen Interneterlebnissen berichten. Was sind seine Motive, gerade bestimmte Seiten bevorzugt zu benutzen?

Wenn Ihre Kinder älter werden und bereits Erfahrungen mit dem Internet gesammelt haben, kann es störend für sie wirken, wenn Mama und Papa immer hinter ihnen stehen. Lassen Sie ihnen dann den Freiraum, den sie brauchen, aber seien Sie als Ansprechpartner stets da, wenn Ihre Kinder Hilfe benötigen oder auf Inhalte stoßen, die sie nicht verstehen oder die sie beunruhigen.

Besprechen Sie Hintergründe zu verschiedenen Themen, die Kindern beim Surfen im Internet begegnen können (zum Beispiel die Problematik rechtsextremistischer Propaganda).

Fragen Sie nach und erkundigen Sie sich über problematische Inhalte (zum Beispiel bei www.jugendschutz.net). Hier können Sie auch jugendgefährdende Seiten melden, die dann gegebenenfalls gesperrt werden. Eine weitere Möglichkeit zum Anzeigen jugendgefährdender Inhalte im Internet haben Sie bei der Internet-Beschwerdestelle (www.internet-beschwerdestelle.de). Diese nimmt Hinweise für alle Internetdienste entgegen (beispielsweise auch Chaträume, E-Mail-Provider usw.), geht ihnen nach und bewirkt das Einstellen des betreffenden Internetangebotes, wenn dies angezeigt erscheint.

Lassen Sie Ihr Kind ein Medientagebuch führen.

In ein Medientagebuch notiert Ihr Kind seine tägliche Mediennutzung, das heißt wie oft, zu welchem Zeitpunkt und wie lange welches Medium (Computer, Internet, Videospiele, Fernsehen) genutzt wird. Auf diese Weise erhält es selbst einen Eindruck darüber, wie lange es welches Medium nutzt, und kann über seinen Medienkonsum reflektieren. Auch Ihnen verschafft das Medientagebuch natürlich einen Überblick darüber, welche Medien Ihr Kind gern und intensiv nutzt. Außerdem dient es dazu, mit dem Kind in einen Dialog zu kommen, um gemeinsam über die Vorlieben zu sprechen und die Chancen, aber auch die Gefahren, die von diesen Medien ausgehen, zu diskutieren.

MONTAG	6 bis 8 Uhr	8 bis 14 Uhr	14 bis 18 Uhr	18 bis 22 Uhr
Radio				
Fernsehen				
Computer				
Zeitung				
Buch				
Internet				
Videospiel				
Handy				

Lassen Sie Ihr Kind in einer ersten »Pilotphase« zwei Wochen lang ein solches Tagebuch führen und sprechen Sie dann mit ihm über sein Medienverhalten. Fragen Sie Ihr Kind dabei, warum es welche Medien nutzt und was es insbesondere daran fasziniert. Besprechen Sie auch mögliche alternative Unterhaltungsformen und machen Sie gegebenenfalls Anregungen für gemeinsame Aktivitäten (zum Beispiel ein medienfreier Familiensonntag). Wenn auch Sie in diesem Zeitraum ein Medientagebuch führen, können Sie zum Ende der Laufzeit oder währenddessen Ihre Angaben mit denen Ihres Kindes vergleichen und Unterschiede gemeinsam besprechen.

Klären Sie Ihr Kind über mögliche Gefahren auf und zeigen Sie ihm, wie es sich dagegen schützen kann.

Dazu gehört, dass Sie Ihr Kind darauf hinweisen, keine persönlichen Daten wie etwa Wohnort, Schule oder Handynummer bekannt zu geben. Erklären Sie ihm, dass nicht alle Angebote im Internet kostenlos zu haben sind und einige Seiten auch Schaden anrichten können – sei es finanziell oder materiell durch das automatische Herunterladen von Viren und dergleichen. Wenn Sie das Angebot aufrufbarer Seiten für Ihr Kind einschränken, achten Sie darauf, dass diese werbefrei sind. Kinder können nämlich noch nicht zwischen kommerziellem und redaktionellem Inhalt unterscheiden.

Ermuntern Sie Ihr Kind, nicht jedem Chatpartner blind zu vertrauen. Erklären Sie ihm, dass nicht alle Mitglieder in sozialen Netzwerken die Wahrheit über sich verraten. Bieten Sie Ihrem Kind die Möglichkeit an, sich in moderierten Chats aufzuhalten. Hier werden diskriminierende und jugendgefährdende Inhalte gelöscht. Und weisen Sie Ihr Kind darauf hin, Passwörter niemandem zu verraten, sondern für sich zu behalten, sodass kein anderer in seine Rolle schlüpfen kann.

Alle Informationen zu möglichen Gefahren im Internet und Empfehlungen, wie Sie Ihr Kind dagegen schützen können, erhalten Sie in den nachfolgenden Abschnitten dieses Kapitels.

⚠ **Gehen Sie mit gutem Beispiel voran!**

Dieser letzte Hinweis in diesem Abschnitt ist zugleich der wichtigste: Was Sie von Ihren Kindern erwarten, muss auch von Ihnen vorgelebt werden. Wenn Sie selbst jede freie Minute im Internet verbringen und andere Beschäftigungen vernachlässigen, werden Sie Ihr Kind auch durch viele Regeln nicht zu einer zeitlichen Limitierung bewegen können. Die Vorbildfunktion, die Sie als Eltern für Ihre Kinder haben, ist unbedingt zu beachten. Ihr Nachwuchs lernt nämlich nicht nur positive Eigenschaften am Modell seiner Eltern, sondern auch deren negative Angewohnheiten. Gehen Sie aber mit gutem Beispiel voran, ist die Wahrscheinlichkeit groß, dass Ihr Kind daraus lernt und dieses Verhalten für sich übernimmt. Hierzu zählt auch, dass Sie ein offenes Ohr für die Belange Ihres Kindes haben. Seien Sie ein wachsamer Ansprechpartner, wenn Ihr Nachwuchs auf Internetseiten stößt, die ihn beunruhigen oder ängstigen.

Stufe 4
Wie mein Kind die Chancen nutzen kann

In den Neuen Medien stecken unendliche Potenziale, die auf vielfältige Weise hilfreich sein können für ihre Nutzer. Auch für Ihre Kinder bietet das Internet einen großen Schatz an Möglichkeiten, die ihm das Lernen erleichtern und auf einfachste Weise einen Wissensvorsprung verschaffen können.

Darüber hinaus ist das heutige Web 2.0 keineswegs mehr so statisch, wie es die Anfänge des Internets noch waren. Wurde das Internet zu Beginn hauptsächlich genutzt, um Informationen abzurufen oder zu verbreiten, ist daraus mittlerweile ein »Mitmachmedium« geworden – eine universale Kommunikation, ein dynamisches, interaktives Netz, in dem sich Kinder, Jugendliche und Erwachsene gleichermaßen treffen, verabreden und neue Bekanntschaften und Freunde kennenlernen. Selbst das einst bestgehütete und mit Schlössern vor unbefugten Einblicken geschützte Tagebuch wird als »Weblog« online gestellt und Nutzerinnen und Nutzer auf der ganzen Welt können es lesen. Die Anonymität der virtuellen Welt lässt keinen Platz für eine Intimsphäre.

Zu den meistgenutzten Anwendungen zählen neben solchen Tagebüchern soziale Netzwerke wie SchülerVZ oder Lokalisten, Video- und Musikportale. Informationen recherchieren, einst das Hauptargument für die Internetnutzung, liegt weit abgeschlagen auf den hinteren Plätzen. Viele Kinder und Jugendliche nutzen die Neuen Medien lieber als Kommunikationswerkzeuge und ziehen das »Gruscheln« in einem Netzwerk unverbindlicher Kontakte realen Strukturen vor, wie sie Eltern, Verwandtschaft oder reale Freunde bieten.

Diejenigen, die mit dieser neuen Netzstruktur und den dort herrschenden Kommunikationsregeln nicht umgehen können, laufen Gefahr, an den Rand gedrängt zu werden. Um dies auszuschließen, ist eine medienkompetente Beschäftigung mit den Neuen Medien von großer Bedeutung, um sicherzustellen, dass das soziale und informative Potenzial des Internets genutzt wird, ohne in die zahlreichen Fallstricke hineinzulaufen, die darin ausgelegt sind.

Ein Mensch ist dann medienkompetent, wenn er selbstbestimmt, kreativ und sozial verantwortlich mit den Medien umgehen kann und sie zur Gestaltung der eigenen Lebenswelt sowie zur Mitgestaltung der Gesellschaft einsetzt. In diesem Zusammenhang muss Ihr Kind vor allem

- wissen, welche Medien es gibt und welchen Nutzen sie haben,
- über die eigene Mediennutzung und deren Wirkung kritisch reflektieren können,
- Medien sinnvoll und gezielt für die eigenen Bedürfnisse und Ansprüche auswählen können,
- Botschaften der Medien verstehen und unterscheiden können (zum Beispiel Berichterstattung, Werbung, Manipulation),
- sich der Gefahren der Medien bewusst sein.

Ihr Kind wird in Ihrem Haushalt mit einer Vielzahl von Medien konfrontiert. Sie lesen zum Frühstück die Tageszeitung, auf dem Regal liegen Zeitschriften, zum Abschalten legen Sie gerne eine CD ein und abends schauen Sie gemeinsam mit der Familie Ihr Lieblingsprogramm im Fernsehen. Und wenn Sie einmal etwas nicht wissen, schlagen Sie die Informationen im Lexikon nach oder gehen an Ihren PC mit Internetanschluss. Auf diese Weise werden Ihre Kinder mit verschiedenen Arten von Medien konfrontiert – mit den vermeintlich »alten« wie auch den »neuen«, interaktiven und Multi-Medien. Durch den sinnvollen Einsatz eines Mediums lernen sie dabei, sich kritisch und kompetent damit auseinanderzusetzen. Eine solche Kompetenz ist für alle Medien gleichermaßen bedeutsam, denn ein Buch muss nicht zwangsläufig gut sein, ein Computerspiel nicht zwangsläufig schlecht. Und das Internet nicht unbedingt nützlich. Eines haben aber alle Medien gemeinsam: In jedem von ihnen stecken besondere Möglichkeiten für die Entwicklung Ihres Kindes, die es zu entdecken und hervorzuheben gilt. Wie schon erwähnt, stecken in ihnen zwar auch Gefahren, die es zu beachten gilt. Ein medienkompetentes Kind aber weiß diese zu beherrschen.

Der Einsatz eines Computers ist äußerst vielfältig. Er wird als Spielkonsole, Informationslieferant, Schreibmaschine oder Vokabeltrainer gebraucht. In manchen Familien ist er auch der allabendliche Babysitter, der wie kein anderer die Kinder in seinen Bann ziehen kann. Seine umfassenden Einsatzgebiete sind der große Vorteil dieses Mediums, das bislang nicht existente Kommunikationswege eröffnet. Computer ermöglichen eine direkte Interaktivität mit dem Nutzer und bieten somit die Voraussetzung für einen mehrkanaligen, unterschiedliche Lernformen ansprechenden Wissenserwerb.

Der Computer öffnet darüber hinaus das Tor zur großen, weiten Welt des World Wide Web, das unendliche Möglichkeiten der Informationsbeschaffung, des Wissenserwerbs sowie der Kommunikation mit bekannten und unbekannten Personen ermöglicht.

Um Ihren Kindern die Chancen zu ermöglichen, die ihnen das Internet bietet, gehen Sie gemeinsam mit ihnen auf die Reise. Insbesondere jüngere Kinder sollten Sie zu keiner Zeit allein im Internet surfen lassen, da sehr schnell Inhalte aufgerufen werden können, die die Kinder und Jugendlichen in ihrer Entwicklung gefährden können, wie etwa Gewalt in sprachlicher und bildlicher Form, Pornografie oder rechtsextremistisches Gedankengut.

Richten Sie Ihren kleinen Kindern einen beschränkten Zugang ein, der nur altersgerechte Seiten aufruft. Filter und sonstige technische Maßnahmen können allerdings nur funktionieren, wenn Sie sich persönlich mit dem Surfverhalten Ihrer Kinder auseinandersetzen und das Gespräch mit den Heranwachsenden suchen.

Vereinbaren Sie Regeln mit Ihrem Kind bezüglich der Mediennutzung. Die Regeln sollten den zeitlichen Umfang, den

Zeitpunkt (zum Beispiel nach den Hausaufgaben) sowie die Art der Mediennutzung (Computerspiel, Internet, Fernsehen) bestimmen. Besprechen Sie diese Regeln mit Ihrem Kind, sodass sie von ihm akzeptiert und deren Sinnhaftigkeit verstanden werden. Achten Sie auf die Einhaltung der Regeln.

Zeigen Sie nicht »oberlehrerhaft«, wie Ihre Kinder mit den Neuen Medien umzugehen haben, sondern begeben Sie sich gemeinsam mit ihnen auf den Weg in vielfach unbekannte Welten. Akzeptieren Sie die Tatsache, dass Sie auch von Ihren Kindern lernen können!

Zeigen Sie ernsthaftes Interesse an den Medien, die Ihre Kinder nutzen, und lassen Sie sich von ihren Erfahrungen und Vorlieben berichten. Auf diese Weise können Sie ihnen erklären, was nicht verstanden worden ist. Außerdem bekommen Sie früher mit, wenn Ihre Kinder ungeeignete Adressen besucht haben.

Und da es so wichtig ist, weise ich nochmals darauf hin:

Erklären Sie Ihrem Kind, dass es niemals persönliche Daten wie Adresse, Handynummer oder den richtigen Namen veröffentlichen oder an Fremde weitergeben darf!

Sagen Sie Ihrem Kind, dass es sich um *Menschen* handelt, mit denen im Internet kommuniziert wird. Dies bedeutet, dass eine gewisse Höflichkeit und Etikette auch hier eingehalten werden sollte, auch wenn das Gegenüber nicht zu sehen ist. Besprechen Sie, wie Ihr Kind reagieren kann, wenn sein Kommunikationspartner unhöflich ist oder gar aggressiv oder nötigend wird.

Informieren Sie sich über das Surfverhalten Ihres Kindes und sprechen Sie mit ihm über die besuchten Seiten und was es daran fasziniert. Schauen Sie sich die Seiten genau an, insbesondere hinsichtlich ihrer Eignung für Kinder. Bedenken Sie in diesem Zusammenhang, dass sich Angebote im Internet ohne Vorankündigung verändern oder eine Seite plötzlich von einem anderen Anbieter bedient werden kann.

Lernen Sie gemeinsam mit Ihrem Kind das Suchen im Internet. Bei der Vielzahl der im Internet abrufbaren Informationen ist dies nämlich gar nicht so einfach. Viel zu schnell lässt man sich in den Sog interessanter Seiten ziehen und vom eigentlichen Ziel der Recherche abbringen. Am besten lernen die Kinder den Umgang und den Nutzen des Internets, wenn sie ein »echtes« Problem lösen müssen. Bieten Sie ihnen beispielsweise an, am Sonntag mit ihnen ins Kino zu gehen, und bitten Sie Ihr Kind, gemeinsam mit Ihnen im Internet die Vorstellungen herauszufinden und eine Filmauswahl zu treffen. Ältere Kinder können eigenständig eine Aktivität für das Wochenende mithilfe des Internets planen und organisieren.

Zeigen Sie Ihrem Kind geeignete und empfehlenswerte Seiten im Internet und tauchen Sie gemeinsam in die Informationsflut ein. Ich verweise hierzu nochmals auf die Auflistung kindgerecht gestalteter Angebote im Internet am Ende dieses ersten Hauptkapitels.

Technische Vorkehrungen sind zwar nicht der Weisheit letzter Schluss, da erst eine sinnvolle, persönliche Aufklärung und Begleitung des Kindes Verständnis schafft und die Medienkompetenz fördert. Dennoch können sie eine sinnvolle Ergänzung sein, um Ihr Kind vor gefährdenden Inhalten im Internet zu schützen. Eine Möglichkeit besteht in der Anschaffung von Filtersoftware. Diese filtert alle Angebote im Internet und lässt nur solche Inhalte zu, denen Sie zuvor zugestimmt haben. Allerdings garantieren sie keinen hundertprozentigen Schutz; außerdem kann es passieren, dass auch harmlose Seiten der Zensur zum Opfer fallen und nicht mehr angezeigt werden können. Gute Filter arbeiten mit der Bundesprüfstelle für Jugendmedienschutz (BPJM) zusammen und lassen verschiedene Einstellungen zu. Hierzu zählen etwa Zeitlimits, Sperrzeiten, erlaubte und zu blockierende Programme sowie die manuelle Eingabe unerwünschter Internetseiten. Darüber hinaus sollten automatisch brisante Inhalte gesperrt werden (Sex, Gewalt, Rechtsextremismus). Einige bieten auch den Service an, dass Ihnen per E-Mail eine Auflistung der Aktivitäten Ihres Kindes zugeleitet wird. Bedenken Sie hierbei jedoch, dass allzu viel Kontrolle kontraproduktiv sein kann und das gegenseitige Vertrauen negativ beeinflusst.

Unverzichtbar für jeden Internetnutzer ist selbstverständlich ein aktueller Virenschutz, denn Trojaner, Würmer und andere unliebsame Gesellen verbergen sich auch auf vermeintlich »guten« Seiten und werden in der Regel erst dann bemerkt, wenn sie sich auf Ihrem Computer eingenistet und bereits begonnen haben, Schaden anzurichten. Da ständig neue Viren in Umlauf gebracht werden, die sich an die gängige Schutzsoftware angepasst haben und diese austricksen können, ist ein regelmäßiges Update des Virenschutzprogramms von großer Wichtigkeit. Machen Sie es sich zur Gewohnheit, Ihre Software vor jedem Surfen auf den neuesten Stand zu bringen. Zusätzlichen Schutz bietet eine Firewall, die den Datenverkehr auf Ihrem Rechner filtert und Sie vor unberechtigten Zugriffen schützt.

Nutzen Sie Lesezeichen (Bookmarks) für Ihr Kind bzw. zeigen Sie ihm, wie Lesezeichen gesetzt werden. Auf diese Weise müssen beliebte, häufig aufgesuchte Seiten nicht erneut über eine Suchmaschine gefunden werden (mit der damit verbundenen Gefahr, vom eigentlichen Ziel abgelenkt zu werden und in den Informationsfluten zu »ertrinken«), sondern lassen sich direkt über die Favoritenliste aufrufen.

Richten Sie eine kindgemäße Startseite ein. Insbesondere jüngere Nutzer sollten nicht allein über Google oder ähnliche Suchmaschinen ins Netz gehen, da hierüber auch ungeeignete Inhalte angezeigt werden.

Der richtige Umgang mit Passwörtern

Sprechen Sie mit Ihrem Kind über den Umgang mit Passwörtern. Spätestens wenn Ihr Kind eine eigene E-Mail-Adresse eingerichtet bekommt, wird diese Problematik akut, denn nur mit einem Passwort wird es Zugriff auf sein Postfach erhalten.

Passwörter begegnen uns immer dann, wenn unsere Daten oder Eingaben vor dem Zugriff Unbefugter geschützt werden sollen. Wie die PIN für den Bankautomaten sollten auch die Online-Passwörter absolut geheim gehalten und sicher aufbewahrt werden. Ein Passwort (zum Beispiel bei der Einrichtung eines E-Mail-Accounts) sollte so gewählt sein, dass es von Dritten nicht leicht erraten werden kann. Das bedeutet, unter keinen Umständen sollten zum Beispiel die eigene Telefonnummer oder das Geburtsdatum verwendet werden. Sichere Passwörter müssen mindestens acht Zeichen lang sein und sowohl Buchstaben als auch Ziffern sowie Sonderzeichen beinhalten.

Um das Passwort selbst nicht zu vergessen, kann sich Ihr Kind bei der Wahl eine Eselsbrücke bauen. Es soll sich einen leicht zu merkenden Satz ausdenken, zum Beispiel »Ich habe am 20. Juli Geburtstag; mein Papa im August«. Nun werden die Anfangsbuchstaben sowie die Satzzeichen genommen und schon ist ein todsicheres Passwort generiert: Iha20.JG;mPiA

Selbstverständlich dürfen Sie bzw. Ihr Kind weder das Passwort selbst noch die Eselsbrücke weitersagen. Auch aufgeschrieben werden sollte weder das Passwort noch der Hilfssatz – schon gar nicht auf der Festplatte des Computers! Sie notieren ja auch nicht die PIN für Ihr Bankkonto auf Ihrer EC-Karte. Wenn Ihr Kind oder Sie einmal das Passwort vergessen haben sollten, bieten Ihnen die meisten Anbieter einen Erinnerungsservice. Sie erhalten dann über die angegebene E-Mail-Adresse Ihr eingangs gewähltes Passwort zugeschickt.

Das Passwort sollte regelmäßig geändert werden, beispielsweise einmal im Monat. Außerdem sollte für jede Anwendung ein anderes Passwort benutzt werden.

Spielen Sie nicht den Administrator!

Das Betriebssystem des Computers kennt verschiedene Benutzergruppen, die mit unterschiedlichen Rechten ausgestattet werden. Diese können Sie über die Systemsteuerung einrichten und verwalten. Ein Administrator beispielsweise verfügt über umfangreiche Rechte, mit denen er Programme installieren und entfernen oder gar die Festplatte löschen oder das System neu konfigurieren kann. Ein einfacher Benutzer hingegen hat nur sehr eingeschränkte Rechte. Ein Angreifer, der während Ihrer Internetsitzung unbefugt auf Ihr Benutzerkonto zugreift, kann nur mit den Rechten agieren, mit denen Sie selbst ausgestattet sind. Richten Sie Ihrem Kind daher ein Benutzerkonto ein, das lediglich über eingeschränkte Rechte verfügt, und surfen auch Sie selbst niemals als Administrator im Internet, sondern verwenden Sie dafür ein zusätzlich eingerichtetes Konto als Benutzer.

Speichern von Daten

Ihr Kind und Sie selbst sollten keinesfalls persönliche oder sensible Daten auf der Festplatte speichern, sondern diese auf externen Datenträgern sichern. Wenn sich nämlich ein Unbefugter Zugriff auf Ihren Rechner verschafft hat, kann er auch auf Ihre Festplatte sowie alle angeschlossenen Medien und die darauf enthaltenen Daten zugreifen.

Stufe 5

Gefahr erkannt, Gefahr gebannt: Risiken und was Sie dagegen tun können

Wie so vieles im Leben, so haben auch die Neuen Medien zwei Seiten. Auf der einen stellen sie den Nutzern vielfältige Unterhaltungs- und Informationswerkzeuge zur Verfügung und erlauben uns eine zeitgemäße Teilnahme am Kommunikationszeitalter. Doch auch ihre Kehrseite darf bei aller Euphorie nicht außer Acht gelassen werden, insbesondere wenn es sich bei den Nutzern um Heranwachsende handelt, die noch nicht über einen erwachsenen Erfahrungsschatz verfügen und deren Medienkompetenz noch nicht ausgeprägt genug ist, um gute von schlechten Angeboten zu unterscheiden. Auch – oder gerade – bei den Neuen Medien gilt die Devise: Wo viel Licht, da auch viel Schatten.

Weltweit nutzt etwa eine Milliarde Menschen das Internet. Doch das Angebot variiert täglich. Seiten, die heute noch existieren, sind morgen bereits wieder verschwunden. Inhalte, die gestern undenkbar waren, sind heute bereits Alltag. Diese Undurchschaubarkeit, kombiniert mit einer großen Portion Anonymität, vor allem ist es, die das Gefahrenpotenzial des Internets ausmacht.

Damit sich Ihre Kinder aber dennoch sicher durch die Informationsflut bewegen und unterwegs so manche positive Erfahrung sammeln können, führt Sie dieser Abschnitt nun in die wesentlichen Angebote des Internets ein und zeigt Ihnen mögliche Gefahrenquellen, auf die Sie und Ihre Kinder vorbereitet sein sollten. Darüber hinaus liefert er Ihnen wertvolle Tipps und Empfehlungen, um nicht in den auftretenden Strudeln unterzugehen, sondern die Gefahren gekonnt umschiffen zu können.

Denn eines sei an dieser Stelle erneut betont: Die Neuen Medien im Allgemeinen und das Internet im Besonderen bergen zwar Gefahren, aber noch viel mehr Chancen, Möglichkeiten und Herausforderungen, die das Lernen, Leben und Miteinander-Umgehen der Kinder und Jugendlichen durchaus in positivem Sinne beeinflussen. Daher sollten Sie sich und Ihren Kindern diesem Potenzial gegenüber nicht verschließen, sondern sich kompetent auf das Abenteuer Neue Medien einlassen.

Das Kind als Kunde – Abos, Werbung, kostenpflichtige Angebote

Kinder sind beliebt. Sie sind als Wirtschaftsfaktor aus dem heutigen Leben nicht mehr wegzudenken. Mit ihrem Taschengeld haben bereits die Kinder und Jugendlichen zwischen 7 und 14 Jahren eine ungeheure Kaufkraft, die sie zu einer attraktiven Zielgruppe für die Industrie macht.

Schon längst sind sie von der Industrie als Kunden erkannt worden, die nicht nur über ihr eigenes Taschengeld verfügen, sondern zunehmend auch über Anschaffungen der Eltern mitbestimmen. Kinder haben beispielsweise großen Einfluss auf die Autowahl ihrer Eltern. Einerseits muss das Gefährt für Unterhaltung sorgen, damit sich die Kinder nicht langweilen und kein Stress oder Streit auf längeren Fahrten aufkommt. Andererseits will sich der Nachwuchs nicht für den Pkw der Eltern schämen müssen. Das hat auch die Werbung erkannt. Sie versucht gezielt Kinder und Jugendliche anzusprechen.

Kinder stellen ferner den Markt der Zukunft dar, denn der Grundstein für die Markentreue eines Erwachsenen wird oft schon in der Kindheit gelegt. Auch aus diesem Grund lohnt sich für ein Unternehmen die Investition in die Werbung für Kinder. Und so werden diese tagtäglich damit konfrontiert – in Jugendzeitschriften, im Fernsehen und im Internet. Werbung ist somit zu einem festen Bestandteil des täglichen Lebens der Kinder und Jugendlichen geworden.

Während im Medium Fernsehen Werbung von redaktionellen Inhalten strikt getrennt werden muss, gibt es diese Vorgabe für das Internet noch nicht. Und so nutzen Unternehmen ihre Internetauftritte, um in einer Mischung aus Unterhaltung und Information ihre Produkte zu präsentieren und Kunden zu binden.

Problematisch wird die Angelegenheit vor allem dann, wenn die Adressaten der Werbung nicht unterscheiden können, ob es sich um einen sachlich recherchierten Bericht oder um bloße Propaganda handelt. Insbesondere die jungen Nutzer verfügen noch nicht über die dafür notwendige Kompetenz bzw. einen angemessenen Erfahrungsschatz, um die Spreu vom Weizen trennen zu können. In der Regel entwickeln Kinder erst im Alter von sechs bis acht Jahren die Fähigkeit, Werbung als solche zu erkennen. Ab diesem Zeitpunkt kommen vor allem Werbemaßnahmen an, die den Heranwachsenden ein Zugehörigkeitsgefühl zu einer bestimmten Gruppe suggerieren.

Erschwert wird die Unterscheidung zwischen Werbung und Sachtext vor allem dann, wenn sich die Werbung auch für geübte Konsumenten nicht unmittelbar als solche entpuppt, sondern sich als vermeintlich objektive Information tarnt. Dies gibt es natürlich nicht erst seit der Erfindung des Internets (man denke beispielsweise an die ursprünglich Seifenprodukte bewerbenden Daily Soaps), aber hier bekommt sie eine andere Qualität, zum Beispiel wenn sich ungewollt Fenster öffnen, die weitere Informationen anbieten, eine Umfrage vorgaukeln oder einen Gewinn versprechen.

Unternehmen gestalten ganze Seiten im Internet, die ihre Produkte anbieten und dabei wie reine Informationen aussehen. Hinzu kommen Mal- und Zeichenwettbewerbe oder Rätselspiele, die in erster Linie an den Ehrgeiz der Kinder appellieren.

Um bei einigen Seiten Informationen abrufen zu können, muss der Nutzer Mitglied in einem »Club« sein. Dies vermittelt dem Angebot eine gewisse Exklusivität und den Kindern und Jugendlichen zugleich das Gefühl von Zusammengehörigkeit. Wenn auch diese Mitgliedschaft in den meisten Fällen kostenlos ist, so erhalten die Betreiber über die im Antrag auf Mitgliedschaft anzugebenden Daten doch wertvolle Informationen über potenzielle Kunden, die im schlimmsten Fall an weitere Interessenten weiterverkauft werden. Mit diesen Daten können die Unternehmen die Kinder und Jugendlichen gezielter ansprechen und auf für sie interessante Produkte hinweisen. Gezielte Werbepost, vorzugsweise per E-Mail, ist dann die Folge.

Um dies zu vermeiden, beachten Sie die Allgemeinen Geschäftsbedingungen des Anbieters und informieren Sie sich dort über die Nutzung der einzugebenden Daten. Widersprechen Sie nach Möglichkeit der Weitergabe Ihrer Daten an Dritte und überlegen Sie genau, ob Sie an »regelmäßigen Informationen« interessiert sind, denn dies bedeutet zusätzliche Werbe-Mails, die Ihr Postfach verstopfen.

Ihr Kind sollte grundsätzlich keine Formulare ohne Ihr Einverständnis abschicken. Füllen Sie Formulare gemeinsam mit Ihrem Kind aus, da es datenschutzrelevante Hinweise alleine nicht beurteilen kann.

Der Verkauf von Adressdaten und Kundeninformationen ist ein lukratives Geschäft. Auch oder gerade in Foren und Chaträumen suchen deshalb spezielle Programme automatisch nach neuen Adressen. Weisen Sie daher Ihr Kind darauf hin, dass es sich einen Spitznamen als Benutzernamen zulegen soll, durch den keine Rückschlüsse auf seinen tatsächlichen Namen oder gar das Alter gezogen werden können.

»Wie gehe ich mit Werbung im Internet um?«

Da es unmöglich ist, der Werbung zu entkommen – und dies gilt nicht nur für das Internet, sondern für alle »neuen« wie »alten« Medien –, sollten Sie das Auge Ihres Kindes in Bezug auf Werbung schärfen. Beim gemeinsamen Surfen sprechen Sie mit ihm über die Werbeblöcke (»Pop-ups«) oder Seiten, die als Information getarnt sind, aber dennoch größtenteils Werbebotschaften aussenden.

Schauen Sie gemeinsam, wo Werbung anfängt und Inhalte aufhören. Reden Sie mit Ihrer Tochter bzw. Ihrem Sohn darüber, was die Werbung eigentlich verspricht und ob das Kind denkt, dass das Produkt dieses Versprechen auch wirklich erfüllen kann. So lernt es die kleinen Tricks, die in der Werbung eingesetzt werden, um Aufmerksamkeit zu erregen und zum Kaufen zu verleiten.

Entdecken Sie beim Surfen versteckte Werbungen, weisen Sie Ihr Kind gezielt darauf hin und sprechen Sie darüber, sodass Ihr Kind lernt, woran Werbung von Sachinformation unterschieden werden kann.

Sprechen Sie mit Ihrem Kind über die Ziele, die Werbung verfolgt. Thematisieren Sie aktuelle Betrügereien, denen Sie selbst im Internet begegnet sind oder von denen Sie in den Medien gehört haben.

Erklären Sie Ihrem Kind, dass manche Firmen gezielt auf der Suche nach Adressen, Hobbys und sonstigen Angaben von Nutzern sind, da sie dadurch ein Konsumentenprofil erstellen können, mit dem sich Werbung gezielt einsetzen lässt oder das sie an andere Unternehmen verkaufen.

Reagieren Sie nicht auf dubiose Gewinnbenachrichtigungen und erklären Sie auch Ihrem Kind, dies nicht zu tun. Wenn Sie an keinem Gewinnspiel teilgenommen haben, ist die Wahrscheinlichkeit eher gering, dass Sie dennoch etwas gewinnen, oder? Und warum sollten Sie einen Sportwagen gewonnen haben, nur weil Sie angeblich der 10.000 Besucher einer Website waren? Auch die vielen Gewinnspiele dienen in erster Linie nur Werbezwecken.

Neben der reinen Werbung für ein bestimmtes Produkt oder eine Dienstleistung versuchen einige Unternehmen, darunter häufig schwarze Schafe der Branche, Kinder und Jugendliche zu einem »Abonnement« zu bewegen. Dies geschieht oft, ohne dass sich der Nutzer dessen bewusst ist, dass er einen zeitlich bindenden Vertrag (meist über ein oder mehrere Jahre) abgeschlossen hat. Häufig handelt es sich bei derartigen Angeboten um Musikstücke, Klingeltöne für Handys oder Hausaufgaben- bzw. Referatsthemen.

»Welche Arten von Werbung gibt es im Internet?«

Werbung im Internet hat viele Gesichter. So können ganze Seiten der Werbung dienen, wie es beispielsweise bei Produkt- und Marketingwebsites der Unternehmen geschieht. Doch auch auf reinen Informationsseiten wird der Besucher häufig mit Werbung konfrontiert. Eine Form einer solchen Werbung ist die des Werbebanners – ein Platzhalter für Werbung auf einer Internetseite. In der Regel führt ein Klick auf das Feld zum entsprechenden Angebot im Internet.

Der Suchmaschinenbetreiber Google arbeitet unter anderem mit »gesponserten Links« – bezahlte Seitenempfehlungen, die sich direkt auf die zu suchenden Begriffe beziehen und damit perfekt auf die Bedürfnisse des Nutzers zugeschnitten sind. Gibt man bei Google entsprechend einen bestimmten Begriff ein, erscheinen als erste Treffer dazu farbig unterlegte Webseiten.

Nervig sind jene »Pop-ups«, Werbefenster, die sich über der eigentlich aufgerufenen Internetseite öffnen und ihre Botschaften vermitteln. Das häufig grellbunte Erscheinungsbild und Blinken dieser Fenster verleitet insbesondere Kinder zum Anklicken, wodurch sie unmittelbar auf die beworbene Seite gelangen.

Besonders gemein wird Internetwerbung dann, wenn eine kostenpflichtige Mitgliedschaft oder ein Abonnement auf den ersten Blick gar nicht ersichtlich ist, sondern nur im »Kleingedruckten« der Allgemeinen Geschäftsbedingungen angegeben wird. So kann es passieren, dass sich Ihr Kind nur einen Klingelton herunterladen möchte, diesen aber nur in einem »Spar-Abo« erhält, in dem es jede Woche automatisch eine Reihe von weiteren kostenpflichtigen Klingeltönen zugestellt bekommt.

Für zumeist banale Informationen und Dienstleistungen, die an anderen Stellen kostenlos angeboten werden, werden von den schwarzen Schafen der Branche zumeist völlig übertriebene Kosten verlangt, die häufig erst unterhalb des Startbuttons aufgeführt sind und daher von vielen übersehen werden.

Auch Erwachsene fallen häufig auf Internetangebote herein, auf deren Kostenpflichtigkeit nur versteckt im Kleingedruckten am Ende der Seite hingewiesen wird. Dabei handelt es sich um Horoskope und andere Lebensweisheiten, Rezepte, Gewinnspiele oder den Versand von Gratis-SMS. Dass diese Leistungen – wenn überhaupt – nur beispielsweise bis 24 Uhr des jeweiligen Tages kostenfrei sind und danach automatisch ein Vertrag mit einer Laufzeit von bis zu 24 Monaten abgeschlossen wird, versteckt sich ebenfalls in den AGBs. Nur wenige Tage, nachdem Sie sich auf einer dieser Seiten eingetragen haben, erhalten Sie eine Rechnung für die Nutzung oder einen angeblich abgeschlossenen Laufzeitvertrag. Weigern Sie sich dann zu zahlen, wird in der Regel mithilfe von Rechtsanwälten und Inkassobüros massiver Druck auf Sie ausgeübt, um Sie einzuschüchtern und das geforderte Geld von Ihnen einzutreiben.

Derartige Drohungen sind in aller Regel haltlos. Lassen Sie sich daher nicht von ihnen einschüchtern, sondern nehmen Sie sich gegebenenfalls einen Rechtsbeistand. Eine erste Anlaufstelle stellen für Sie die Beratungsstellen der Verbraucherzentralen dar, die eine Reihe von Informationen zum Thema bereithalten und Ihnen Unterstützung anbieten können. Das für Ihr Bundesland zuständige Büro erfahren Sie im Internet unter www.verbraucherzentrale.de.

Während Sie die Schreiben von Inkassobüros und Rechtsanwälten getrost der Rundablage (»Ablage P«) zukommen lassen können, sollten Sie einen amtlichen Mahnbescheid ernst nehmen und mittels des beigefügten Widerspruchsformulars beantworten. Geschieht dies nicht, wird das Gericht einen Gerichtsvollzieher aussenden, der die Forderungen vor Ort einzuholen versucht – gleichgültig, ob Sie sich im Recht fühlen oder nicht.

Manchmal wird beim Ausfüllen eines Formulars auch die Handynummer erfragt. Die Konsequenz ist häufig, dass diese ebenfalls, genau wie die E-Mail-Adresse, in einem Werbeverteiler landet, von dem aus in regelmäßiger Folge unerwünschte Werbe-SMS und -Anrufe auf dem Handy eingehen. Während die meisten »nur« lästig sind, gibt es aber auch Nachrichten, die zum Zurückrufen auffordern. Oder das Telefon klingelt nur einmal, um das Interesse des Angerufenen zu wecken. Ruft dieser zurück, wählt er oft eine teure Premiumdienst-Nummer und landet nicht selten in einem kommerziellen Flirt-Chat.

Leiten Sie Ihr Kind an, seine Handyausgaben nicht aus dem Blick zu verlieren. Schließen Sie keinen Laufzeitvertrag ab, sondern laden Sie monatlich eine Prepaidkarte auf. Auf diese Weise lassen sich unerwünschte Kosten auf diesen Betrag minimieren, da kein Dienst mehr zustande kommt, wenn das Guthaben verbraucht ist. Sperren Sie Premiumdienste und teure Vorwahlnummern. Wie dies geht, erfahren Sie in der Anleitung des Mobiltelefons bzw. von Ihrem Netzbetreiber. Nähere Informationen zum Thema Handys erhalten Sie in Level 2 dieses Buches.

»Was kann ich tun, wenn mein Kind ein Abonnement abgeschlossen hat?«

Zunächst einmal sollten Sie Ruhe bewahren und vor allem: nicht zahlen! Nach deutschem Recht dürfen Minderjährige ohne Zustimmung der Erziehungsberechtigten keine Verträge im Internet abschließen. Dies gilt auch dann, wenn sie per Mausklick fälschlicherweise bestätigt haben, dass sie bereits volljährig sind.

Lassen Sie sich auch auf keine Absprachen mit den Rechtsanwälten des Anbieters ein, die Ihnen vielleicht eine Ratenzahlung oder Ähnliches anbieten, da dies rechtlich gesehen als Schuldanerkenntnis aufgefasst werden kann.

Machen Sie einen Screenshot der Internetseite zur Beweissicherung (mit der Taste »Druck« auf Ihrer Tastatur kopieren Sie den gesamten Bildschirminhalt in den Zwischenspeicher, den Sie zum Beispiel in ein Dokument in Ihrer Textverarbeitung einfügen können).

Wenden Sie sich dann schriftlich an den Anbieter des Internetauftrittes und weisen Sie ihn darauf hin, dass aufgrund der Minderjährigkeit Ihres Kindes kein Vertrag zustande gekommen ist. Einen entsprechenden Musterbrief finden Sie am Ende dieses Abschnitts.

»Wie verhalte ich mich, wenn mein Kind etwas im Internet bestellt hat?«

Ist Ihr Kind auf Shoppingtour im Internet gewesen und sind Sie mit der Bestellung nicht einverstanden, müssen Sie die Ware nicht annehmen. Generell gilt für alle Bestellungen, die im Internet getätigt werden, ein gesetzliches Rückgaberecht von zwei Wochen, und zwar unabhängig vom Alter des Käufers. Senden Sie den Artikel innerhalb dieser Zeit in einwandfreiem, ungebrauchtem Zustand zurück an den Absender, am besten mit Übergabebestätigung. Eine Begründung für die Rücksendung können Sie angeben, müssen Sie aber nicht.

Sichern Sie alle Daten, die mit dem Kauf zusammenhängen. Wenden Sie sich bei Unklarheiten oder Schwierigkeiten mit dem Verkäufer an die Verbraucherzentrale in Ihrer Region.

Darüber hinaus sind Kinder unter sieben Jahren nicht geschäftsfähig, das heißt, abgeschlossene Verträge sind in jedem Fall nichtig. Kinder und Jugendliche unter 18 Jahren gelten als beschränkt geschäftsfähig. Sie dürfen also nur altersübliche, geringfügige Geschäfte abschließen.

»Worauf muss ich beim Einkaufen im Internet achten?«

Das Internet ist nicht nur eine Kommunikations- und Informationsplattform, sondern auch ein riesiges Kaufhaus mit unbegrenzten Öffnungszeiten. Hier gibt es nichts, was es nicht gibt: das Auto des Papstes, Zirkuselefanten und vermutlich sogar eine Tüte mit Luft aus einem Reifen von Michael Schumacher. Dies ist natürlich ungeheuer attraktiv, birgt aber auch Gefahren, die beachtet werden sollten – und zwar unabhängig vom Alter des Nutzers!

Das Internet ist zu einem lukrativen Geschäftsfeld geworden – für Unternehmer wie für Kriminelle gleichermaßen. Und so ist es nicht verwunderlich, dass 15 Prozent der Jugendlichen bereits Erfahrungen mit einer Abzocke im Internet gesammelt haben, weil sie unwissentlich eine Leistung erworben haben, von der sie dachten, sie sei kostenlos.

Zwei Drittel der Jugendlichen zwischen 12 und 19 Jahren haben bereits Waren oder Dienstleitungen im Internet erstanden. Um einen solchen Einkauf sicher zu gestalten, sollten folgende Regeln beherzigt werden:

- Sichere Passwörter wählen, die nicht an Dritte weitergegeben und auch nicht für andere Anlässe (zum Beispiel E-Mail-Zugang oder Bankkennung) verwendet werden.
- Auf die technische Sicherheit bei der Datenübertragung achten (erkennbar am kleinen Schloss-Symbol in der unte-

ren Browserleiste sowie an der Seitenbezeichnung »https« anstatt »http«).

- Die Seriosität des Anbieters überprüfen, zum Beispiel über die AGBs oder eine Recherche in Internetforen. Auch Gütesiegel, wie etwa »Geprüfter Online-Shop«, können hierbei helfen.
- Versandbedingungen und Lieferkosten klären.
- Nur sichere Zahlungsmethoden wählen (zum Beispiel per Rechnung); nach Möglichkeit keine Vorkasse leisten. Niemals einen Bargeld-Transferservice (zum Beispiel Western Union) in Anspruch nehmen, da Sie hierbei die geringsten Chancen haben, Ihr Geld im Zweifelsfall wiederzusehen.

»Was kann ich bei einer Abmahnung tun?«

Eine Abmahnung erhalten überraschte Eltern dann, wenn ihr Kind illegal Dateien (zum Beispiel Musik oder Videos) aus dem Internet heruntergeladen oder anderen zum Kauf oder Tausch angeboten hat. Auch hieraus sind ganze Geschäftszweige entstanden, die durch die im Zuge einer Abmahnung fälligen Kosten gut existieren können. Große Rechtsanwaltskanzleien sind allein damit beschäftigt, solche Schreiben zu versenden und den Schadensverursacher zur Kasse zu bitten. Trotz aller Vorbehalte gegen derartige »Geschäftsmodelle« sei an dieser Stelle jedoch erwähnt, dass die Verletzung des Urheberrechtes in der Tat eine Straftat darstellt und daher auch geahndet werden muss. Wenn Ihr Kind dabei erwischt wird, wie es im Supermarkt eine Cola unter der Jacke verschwinden lässt, würden Sie es ja auch nicht in Schutz nehmen und den Schwarzen Peter dem Hausdetektiv zuschieben. Genauso ist es mit dem illegalen Download von Musik, Videos oder Software aus dem Internet. Der Unterschied besteht lediglich darin, dass vielen Nutzern, Kindern wie Erwachsenen, überhaupt nicht bewusst ist, wann es sich hier um eine illegale Tat handelt.

So ist's recht

Das Anbieten eines Films oder Musikstückes im Internet ist nach § 19a Urhebergesetz grundsätzlich illegal, denn danach hat ausschließlich der Urheber das Recht, das Werk der Öffentlichkeit zugänglich zu machen.

Die Frage der Öffentlichkeit ergibt sich aus § 15 III Urhebergesetz: »Die Wiedergabe eines Werkes ist öffentlich, wenn sie für eine Mehrzahl von Mitgliedern der Öffentlichkeit bestimmt ist. Zur Öffentlichkeit gehört jeder, der nicht mit demjenigen, der das Werk verwertet, oder mit einer anderen Person, denen das Werk in unkörperlicher Form wahrnehmbar oder zugänglich gemacht wird, durch persönliche Beziehungen verbunden ist.«

Da wohl niemand sämtliche Internetnutzer der Welt zu seinem Freundeskreis zählen dürfte, ist die Illegalität solcher Tauschbörsen eindeutig gegeben. Dies gilt auch, wenn keine Gewinnerzielungsabsicht unterstellt werden kann.

Der Geschädigte kann (und wird) Schadenersatzansprüche gegenüber den Schadensverursacher geltend machen. Darüber hinaus kann der Verursacher gemäß § 106 Urhebergesetz mit einer Freiheitsstrafe von bis zu drei Jahren oder mit einer Geldstrafe belangt werden. Erfolgt ein gewerbsmäßiges Handeln, das heißt, wird eine Gewinnerzielungsabsicht unterstellt, gilt § 108a Urhebergesetz mit einem Strafmaß von bis zu fünf Jahren Freiheitsstrafe oder einer Geldstrafe.

Doch nicht nur das Angebot urheberrechtlich geschützten Materials ist strafbar, auch sein Download verstößt gegen das Vervielfältigungsrecht gemäß § 16 Urhebergesetz. Allerdings muss das Angebot offensichtlich rechtswidrig hergestellt worden sein, beispielsweise wenn ein eventuell vorhandener Kopierschutz ausgehebelt wurde.

Die Kenntnis der Illegalität eines Angebots wird aufgrund der allgemein bekannten Situation in der Regel vorausgesetzt.

Wird Ihr Kind verdächtigt, urheberrechtlich geschütztes Material heruntergeladen oder angeboten zu haben, erhalten Sie als Inhaber des Internetanschlusses eine Abmahnung nebst beiliegender Rechnung in Höhe von bis zu 1 000 Euro Anwaltskosten zuzüglich Schadenersatzforderungen von bis zu 4 000 Euro.

Bei minderjährigen Kindern spielt im Zusammenhang mit Ihrer Haftung die Frage nach der Aufsichtspflichtverletzung eine entscheidende Rolle. Hierbei ist es von großer Bedeutung, dass Sie Ihr Kind über die Rechtslage angemessen aufgeklärt haben und es nicht permanent allein und unbeaufsichtigt im Internet surfen lassen.

Senden Sie unbedingt die geforderte Unterlassungserklärung innerhalb der angegebenen Frist zurück, da zur Strafe ansonsten noch zusätzliche Gerichtskosten anfallen.

Zahlen Sie die Rechnung aber nicht, bevor Sie einen Rechtsbeistand konsultiert haben. Häufig ist nämlich eine Einigung auf einen niedrigeren Schadensersatz möglich.

Da Vorbeugen besser ist als Nachsehen, klären Sie Ihr Kind über die gesetzlichen Bestimmungen auf und machen Sie ihm die Konsequenzen deutlich.

Vereinbaren Sie ein monatliches Kontingent mit Ihrem Kind. Zum Beispiel dürfen pro Monat Downloads von Musik, Videos etc. bei einem seriösen und legalen Portal in Höhe von 10 Euro ausgeführt werden. Auf diese Weise verhindern Sie, dass Ihr Kind auf illegale, kostenfreie Angebote ausweicht.

*Musterbrief zur Abwehr einer unberechtigten Zahlungsaufforderung**

Elke Elternteil
Besorgnisstraße 12
12345 Glücksdorf

Einschreiben mit Rückschein

Cocojambo Internetseiten GmbH
Abzockerweg 9
98765 Pechstadt

Glücksdorf, 23. März 2010

Ihre unberechtigte Forderung
Rechnungs-Nr. 345-1290 / Kunden-Nr. 6745

Sehr geehrte Damen und Herren,

mit Schreiben vom 19. März 2010 machen Sie einen Betrag in Höhe von 190,- Euro für die angebliche Inanspruchnahme einer Internet-Serviceleistung gegen meine Tochter geltend.
Der angeblich mit Ihnen bestehende Vertrag wurde von meiner minderjährigen Tochter abgeschlossen. Ich habe nicht in einen Vertragsabschluss eingewilligt, noch genehmige ich einen solchen Vertrag nachträglich.

---

* Nach Angaben der Verbraucherzentrale Rheinland-Pfalz, http://www.verbraucherzentrale-rlp.de/mediabig/35902A.rtf

Auch ist § 110 BGB, der sogenannte Taschengeldparagraf, nicht anwendbar, da dieser sich nur auf Bargeschäfte bezieht und nur solche Geschäfte erfasst, für die das Taschengeld normalerweise zur Verfügung gestellt wird. Hierzu zählt nicht die hier von Ihnen geltend gemachte unberechtigte Forderung. Zudem liegt keine Verletzung der Aufsichtspflicht vor.

Nach Inaugenscheinnahme Ihrer Homepage habe ich festgestellt, dass der Preishinweis versteckt ist, offenbar in der Absicht, unentdeckt zu bleiben. Meine Tochter hat diesen nicht bemerkt. Es hat den Anschein, als werde die Leistung kostenlos angeboten. Weiter fehlt es an einer ausreichenden Widerrufsbelehrung.

Den angeblich abgeschlossenen Vertrag fechte ich vorsorglich wegen arglistiger Täuschung an. Zudem widerrufe ich diesen Vertrag hilfsweise nach den Vorschriften über Fernabsatzverträge. Höchst vorsorglich erkläre ich die Anfechtung wegen eines Irrtums über den Inhalt der abgegebenen Willenserklärungen, hilfsweise kündige ich fristlos.

Von Drohungen mit einer unberechtigten Strafanzeige oder einer unzulässigen Eintragung dieser bestrittenen Forderung bei der Schufa sollten Sie Abstand nehmen, da ich mir ansonsten rechtliche Schritte gegen Sie vorbehalte.

Eine Zahlung werde ich nicht vornehmen.

Mit freundlichen Grüßen

Elke Elternteil

Keine Angst vorm Untergang – Richtig suchen mindert die Informationsflut

Sollten Sie oder Ihr Kind das Web nach Seiten und Informationen zu einem bestimmten Thema durchstöbern wollen, können Sie auf eine Reihe von Suchmaschinen zurückgreifen. Ganze Unternehmenszweige haben sich mittlerweile darauf spezialisiert, den weltweit täglich neu erscheinenden Internetseiten Schlüsselwörter zu entnehmen, um diese in ihre bereits bestehende Liste aufzunehmen. Viele dieser Dienstleister betrachten dabei das gesamte Internet, andere beschränken sich auf die Angabe von Seiten aus einem Teil des Netzes, wie etwa auf die Angabe ausschließlich deutschsprachiger Seiten. Vor der Suche sollten Sie sich also zunächst überlegen, welchen Teil des Internets Sie durchsuchen lassen möchten. Beachten Sie dabei, dass die Fülle von Informationen, die Sie erhalten werden, ohne eine solche Einschränkung unüberschaubar groß werden und das erhoffte Ergebnis Ihrer Suche somit zu einem Zufallsereignis verkommen kann. Wohl dem also, der an seine Suche mit Sinn und Verstand herangeht. Ihr Kind sollte keine kommerziellen, uneingeschränkten Suchmaschinen nutzen, sondern zu kindgerechten Angeboten greifen.

Bei Suchmaschinen, zum Beispiel Google, geben Sie in dem dafür vorgesehenen Feld den gewünschten Suchbegriff ein. Gesucht werden nun alle Internetseiten, die das von Ihnen eingegebene Wort oder die zu suchenden Wörter beinhalten. Der Zusammenhang, in dem die Wörter gebraucht werden, spielt bei dieser Suche keine Rolle. So erhalten Sie im Ergebnis Ihrer Suche Internetseiten aus nahezu allen Gebieten – Kunst, Unterhaltung, Geschichte, Politik, Film und Fernsehen – und darüber hinaus neben durchaus interessanten und gewünschten Internetseiten auch völlig unpassende, die Ihre Begriffe nur zufällig auf einer Seite erwähnen. Dabei stößt man ungewollt oft auf kuriose Seiten, die mit der eigentlichen Suche nicht viel gemein haben.

Achtung! Ein kleiner Schreibfehler reicht oft aus, um auf eine völlig andere als die intendierte Seite zu kommen. Schnell gelangen Kinder so auf ein ungeeignetes, weil beispielsweise pornografisches Angebot.

⚠ Um diesem vermeintlichen Chaos bei der Suche nach adäquaten Internetseiten ein wenig auszuweichen, sollte Ihr Kind einige Hinweise beachten. Artikel, Konjunktionen, Präpositionen und dergleichen sollten grundsätzlich nicht zum Suchbegriff gezählt werden, da die Suche chronologisch durchgeführt wird und durch derartige Füllwörter die Suche nur unnötig länger dauert. Während der Suche findet das Programm nämlich zunächst alle Internetseiten, die den ersten Begriff beinhalten, dann die bezüglich des zweiten usw. Das Endergebnis der Suche besteht schließlich aus der Schnittmenge aller Treffer. Je mehr Wörter Ihr Suchbegriff umfasst, desto mehr Arbeit muss das Programm verrichten.

Mithilfe von logischen Operatoren kann die Suche weiter eingeschränkt werden. Werden wie im obigen Beispiel mehrere Begriffe hintereinander eingegeben, setzt das Suchprogramm in der Regel automatisch die logische Verknüpfung UND (AND) dazwischen. Es werden dann also alle Internetseiten gesucht, die die eingegebenen Wörter gleichzeitig beinhalten. Wird hingegen zwischen zwei Wörter der Operator ODER (OR) eingesetzt, so signalisiert dies dem Programm, dass alle Internetseiten angezeigt werden sollen, die entweder das eine oder das andere Wort erwähnen. Das Ergebnis der Suche wird hierbei also immens umfangreicher ausfallen als bei einer UND-Verknüpfung. Der logische Operator NICHT (NOT) vor einem Wort bedeutet dessen Ausschluss bei der Suche. Es werden also alle Seiten gesucht, die dieses Wort *nicht* beinhalten.

Soll das Internet nach Seiten durchsucht werden, auf denen mehrere Wörter zusammenhängend verwendet werden, müssen diese in Anführungszeichen eingegeben werden.

In der Ergebnisliste werden alle Einträge mit einer Angabe der ersten Sätze der entsprechenden Seite vorgestellt, sodass schon hier ein Einblick möglich ist, ob das Suchergebnis den Wünschen entspricht.

Ein solcher Überblick ist insbesondere hilfreich bei sehr großen Ergebnislisten. Je nach Einschränkung des Suchbegriffes kann ein Ergebnis von mehreren tausend oder gar hunderttausend Seiten nicht überraschen. Wollte man diese manuell nach ihrem Informationsgehalt überprüfen, bräuchte man wohl Jahre, bis man die optimale Seite aus dieser Liste gefunden hätte. Hier bedarf es also einer weiteren Einschränkung des Suchbegriffes. Können trotzdem nicht alle Einträge in einer Sitzung überprüft werden, besteht die Möglichkeit, die gesamte Ergebnisliste mitsamt der eingegebenen Suchbegriffe als Favorit abzuspeichern und bei einer erneuten Sitzung wieder aufzurufen.

Sollte die Suche wider Erwarten erfolglos sein und keine relevanten Seiten anzeigen, sollte eine andere Suchmaschine benutzt werden – oft bestehen große Unterschiede zwischen den Ergebnislisten verschiedener Suchanbieter.

Um die Gefahr des »Untergehens« in der Informationsflut zu minimieren und zu verhindern, dass ungeeignete Inhalte bei einer Suche angezeigt werden, lassen Sie jüngere Kinder ausschließlich mit speziellen Kindersuchmaschinen (siehe Stufe 7: »Empfehlenswerte Internetseiten für Kinder und Jugendliche«, Seite 118) oder über eine von Ihnen und Ihrem Kind gemeinsam angelegte Favoritenliste suchen. Sprechen Sie mit älteren Kindern über die Problematik und zeigen Sie ihnen Möglichkeiten auf, wie sie Herr des Geschehens im Internet werden können. Bieten Sie Ihren Kindern ein offenes Ohr an, wenn die Suche erfolglos blieb oder zu einem beängstigenden Inhalt führte.

Machen Sie Ihr Kind auf die Glaubwürdigkeit der gefundenen Informationen aufmerksam. Es gibt wohl kaum ein Thema, zu dem es im Internet keine Abhandlung gibt. Jeder Interessierte kann, sofern er über die technischen Möglichkeiten verfügt, eine Seite zu seinem Lieblingsthema hochladen – und niemand wird den Inhalt auf Richtigkeit überprüfen. Insofern unterscheidet sich das Angebot von den Printmedien, denn die Veröffentlichung eines Buches oder eines Zeitungsartikels durchläuft Lektorate und Redaktionen, die den Inhalt (in der Regel) auf Herz und Nieren überprüfen. Da das im Internet nicht so ist, muss Ihr Kind lernen, den Wahrheitsgehalt einer Nachricht zu überprüfen, indem beispielsweise mehrere unabhängige Quellen zurate gezogen werden. Auch der Verfasser bzw. Anbieter der Information spielt dabei eine Rolle. So ist ein Artikel in der Online-Ausgabe der FAZ wohl glaubwürdiger als ein Usereintrag in einem Diskussionsforum.

In diesem Zusammenhang steht auch die notwendig zu lernende Unterscheidung zwischen reiner Sachinformation und Werbung. Wie an anderer Stelle bereits ausgeführt wurde, nutzen Unternehmen gezielt das Internet, um ihre Produkte an den Mann (oder das Kind) zu bringen, und geben ihrer Werbung häufig das Kleid eines Berichts. Weisen Sie daher Ihr Kind darauf hin, dass es sich zunächst über den Anbieter der Internetseite informieren soll (zum Beispiel über das Impressum).

Elektronische Post, aber sicher!

Das Versenden von Nachrichten, Briefen oder den Fotos aus dem letzten Urlaub ist heute so praktisch, komfortabel und preiswert wie nie zuvor. Jeder, der über einen Computer mit Internetanschluss verfügt, kann sich entweder über den Netzanbieter (zum Beispiel O_2) oder einen Provider (zum Beispiel web.

de) in wenigen Schritten eine E-Mail-Adresse (einen sogenannten »Account«) zulegen.

Auch Ihre Kinder werden eine solche Art der Kommunikation wünschen, bietet sie doch vielfältige Möglichkeiten, Freundschaften auch über Distanzen aufrechtzuerhalten. Auch lassen sich Brieffreundschaften mit Kindern gleichen Alters aus aller Welt initiieren – vielleicht bietet der Englischlehrer in der Schule ja ein solches E-Mail-Projekt an!

Natürlich hat die moderne Form der Briefzustellung aber nicht nur erfreuliche Seiten, sondern birgt auch einige Probleme, die Sie und Ihr Kind kennen sollten.

Werbung aller Art landet nicht nur in Ihrem Hausbriefkasten, auch Ihr E-Mail-Postfach kann davon betroffen sein, insbesondere wenn Sie Ihre Adresse im Internet veröffentlicht haben (beispielsweise, weil Sie über ein Portal etwas verkaufen möchten). Sind es nur wenige Nachrichten, sind diese zwar störend, können aber schnell und einfach gelöscht werden. Wenn der Zugang von solch unerwünschten Nachrichten allerdings zunimmt, kann das manuelle Aussortieren viel Zeit und noch mehr Nerven kosten. Da zudem viele Botschaften nicht kindgerechte Angebote beinhalten, wie etwa Penisverlängerungen oder illegale Medikamente, stellen solche SPAMs eine akute Gefährdung für Ihr Kind dar.

Der Begriff SPAM bezeichnete ursprünglich Dosenfleisch (»SPiced hAM«), das bereits 1936 in den USA eingeführt wurde. Während des Zweiten Weltkrieges war Spam eines der wenigen Nahrungsmittel, die in Amerika praktisch überall und unbeschränkt erhältlich waren. Diese Omnipräsenz war der Grund dafür, die ähnlich häufig vorkommenden, unerwünschten Botschaften (zum Beispiel als E-Mails) ebenfalls als SPAM zu bezeichnen.

Bis zu einer Milliarde solcher Nachrichten werden von einem einzigen deutschen Netzbetreiber versendet – an einem einzigen Tag! 90 Prozent aller verschickten Mitteilungen weltweit sind Schätzungen zufolge unerwünscht – eine stolze Summe von 90 Milliarden E-Mails am Tag.

Die Absender solcher massenweise versandten Nachrichten sitzen in der Regel im Ausland und verwenden anonyme Server oder manipulierte Absenderadressen, da das Versenden unerwünschter Werbemails in Deutschland verboten ist.

Spezielle, als »Roboter« bezeichnete Suchprogramme durchkämmen das Internet nach eingetragenen E-Mail-Adressen, die sie in Listen speichern und dem Absender von SPAMs zur Verfügung stellen. Einige dieser Programme konstruieren auch selbst E-Mail-Adressen, die dann zufällig bei einer tatsächlich existierenden Anschrift landen.

»Welche Arten von SPAMs gibt es?«

SPAMs transportieren unterschiedliche Inhalte. Da geht es um Penisverlängerungen, Viagra-Angebote oder besonders günstige Software. Auch vermeintliche Insidertipps zu Börsengeschäften werden häufig versendet, mit dem Ziel, Börsenkurse eines »Pennystocks« zu beeinflussen. Hinzu kommen Nachrichten, die Ihren Rechner mit einem Virus infizieren, um ihn auszuspionieren oder zu manipulieren (siehe Abschnitt »Von Würmern, trojanischen Pferden und anderen Viren«). Auch aus diesem Grund sollten Sie und Ihr Kind keine Nachrichten öffnen, deren Absender Ihnen unbekannt ist oder deren Betreff bereits eine unerwünschte Mitteilung andeutet. In Gefahr begibt sich auch, wer auf Mails der »Nigeria-Connection« eingeht. In zumeist gebrochenem Deutsch oder Englisch bitten Sie die Absender, die häufig in Schwarzafrika sitzen, um Mithilfe, da nur auf diese Weise eine millionenschwere Summe ausgezahlt werden könne. Dafür wird Ihnen eine großzügige Entschädigung versprochen, leider müssen Sie aber erst in Vorleistung treten ... Ihr Geld bzw. den versprochenen Anteil sehen Sie natürlich nie.

Strafbar machen Sie sich sogar, wenn Sie einen der per SPAM angebotenen »Nebenjobs« annehmen. Die Absender sitzen meist in Russland und bieten Ihnen in häufig holprigem Deutsch oder Englisch eine leichte Nebentätigkeit an, für die Sie lediglich ein Bankkonto benötigen. Auf dieses wird Geld eingezahlt, das Sie per Geldtransfer (zum Beispiel über Western Union) weiterleiten sollen. Für diesen Aufwand dürfen Sie eine nicht unerhebliche Summe des auf Ihrem Konto eingegangenen Geldes behalten. Dumm ist nur, dass das Geld eigentlich einem Online-Banking-Kunden gehört, dessen PIN und TAN ausspioniert und dessen Geld heimlich abgebucht wurde. Die Folge: Die geschädigte Bank lässt sich die Ansprüche des Bestohlenen abtreten und fordert sie von Ihnen zurück.

»Warum werden SPAMs überhaupt versendet?«

Ein Grund ist natürlich der, dass keinerlei Kosten für das Versenden von elektronischen Nachrichten entstehen. Außerdem kann der Absender illegaler Angebote mithilfe einiger Tricks anonym bleiben, das heißt, das einzugehende Risiko sowie der Kostenaufwand sind äußerst gering. Der wesentliche Grund ist aber wohl der am meisten naheliegende und doch unfassbarste: Es gibt tatsächlich noch immer genügend Menschen, die auf derart dubiose Angebote und Machenschaften hereinfallen.

⚠ **Antworten Sie keinesfalls auf solch unerwünschte Post und erklären Sie auch Ihrem Kind, dies nicht zu tun. Denn auf diese Weise teilen Sie dem Absender mit, dass Ihre Adresse tatsächlich existiert und verwendet wird, worauf mit weiteren und zusätzlichen unerwünschten Werbemails zu rechnen ist.**

Um sich vor SPAMs zu schützen, nutzen Sie den Spamfilter, den die meisten E-Mail-Provider anbieten bzw. der als Softwarelösung im Fachhandel erhältlich ist. Seien Sie darüber hinaus sparsam mit der Weitergabe Ihrer E-Mail-Adresse, insbesondere auf Internetseiten. Nutzen Sie gegebenenfalls zwei Accounts – einen privaten und einen, mit dem Sie sich auf Internetplattformen eintragen. Löschen Sie unerwünschte E-Mails sofort und leiten Sie diese nicht weiter.

Richten Sie Ihrem Kind eine eigene, geschützte E-Mail-Adresse ein, aus der weder sein Name noch das Alter ableitbar sind. Nutzen Sie nach Möglichkeit einen speziellen Anbieter von E-Mail-Adressen für Kinder, der SPAMs und jugendgefährdende Nachrichten ausschließt (zum Beispiel über Kidstation.de).

Überprüfen Sie von Zeit zu Zeit den Posteingangsordner Ihres Kindes (dies sollten Sie allerdings zuvor mit ihm besprechen, um sein Vertrauen nicht zu verlieren!) und sprechen Sie mit ihm über problematische Inhalte und wie es damit umgehen kann.

Chatrooms für Kinder?

Der Small Talk von heute findet im Chatroom statt. Hier treffen sich Kinder, Jugendliche, aber auch Erwachsene, um über dieses und jenes zu diskutieren, mit Bekannten zu quatschen oder auch neue Freunde kennenzulernen.

Laut JIM-Studie 2009 verkehren 52 Prozent der 12- bis 19-jährigen Internetnutzer regelmäßig in Chaträumen. 29 Prozent chatten täglich bzw. mehrmals pro Woche, 75 Prozent der Chatteilnehmer nutzen dabei nur eine einzige Plattform.

Wie der Name schon andeutet, können in sogenannten Chatrooms beliebig viele Teilnehmer des Internets eine Unterhaltung führen. Während sich einige der im Internet zur Verfügung stehenden Chatrooms eher wörtlich als »Plauderecke« verstehen, findet man in anderen, zum Teil themenorientierten

http://www.cyberzwerge.de als Beispiel für einen Kinder-Chatraum

Angeboten durchaus interessante Gesprächsmöglichkeiten, in denen man nicht selten Gleichgesinnte antrifft, die bei einer ungeklärten Frage zu einem bestimmten Thema weiterhelfen können. Während Sie per E-Mail lediglich einige Ansprechpartner erreichen, können Sie hier mit einer ungeahnten Anzahl von Internetnutzern weltweit kommunizieren, und das in mittlerweile einigen hundert verschiedenen Chatrooms. Mittels Ihrer Tastatur können Sie sich weltweit in Echtzeit unterhalten, gerade so, als telefonierten Sie mit Ihrem Gesprächspartner.

Das Chatten erfolgt völlig anonym: Zwar ist in den meisten Angeboten eine Anmeldung erforderlich, eine Überprüfung der angegebenen Identität findet allerdings in den meisten Fällen nicht statt. Diese Anonymität schafft einerseits die Möglichkeit, in eine andere Rolle zu schlüpfen und – wie beim Maskenball – ungehemmter zu kommunizieren und zu flirten. Aber genau in dieser Anonymität steckt die Gefahr, insbesondere für Kinder und Jugendliche: Mit wem sie genau chatten, wissen sie nicht. So kann »Susi11« durchaus ein 45-jähriger Familienvater sein.

Gerade aus diesem Grund sollten Sie darauf achten, dass Ihr Kind zu keiner Zeit seinen richtigen Namen, sein Alter oder andere personenbezogenen Daten wie E-Mail-Adresse oder Telefonnummer angibt und sich auch zu keinem privaten Treffen mit einem Unbekannten überreden lässt.

Insbesondere jüngere Kinder sollten nicht an einem offenen Chat teilnehmen, sondern ein moderiertes, kindgerechtes Angebot nutzen (siehe Stufe 7: »Empfehlenswerte Internetseiten für Kinder und Jugendliche«, Seite 118 f.).

Lassen Sie Ihr Kind nach Möglichkeit zu Beginn nicht allein chatten, sondern begleiten Sie es bei seinen ersten »Gehversuchen«.

»Welche Gefahren bestehen in Chaträumen?«

Kinder und Jugendliche, die sich in öffentlichen, das heißt für jedermann zugänglichen Chaträumen aufhalten, können während ihrer Gespräche mit Folgendem konfrontiert werden: Beschimpfungen, Beleidigungen, sexuelle Belästigungen (»Zeig mir mal deine ...!«, »Trägst du schon BHs?«, »Sitze gerade nackt vor meinem PC und ...«, »Würde dich gerne lecken, Süße!«), ungewollte Konfrontation mit pornografischen Inhalten, Übergriffe per E-Mail, Telefon und Handy. Häufig werden Chaträume auch genutzt, um Objekte für einen geplanten Einbruch auszuspähen. Dabei finden Kriminelle im Laufe der Gespräche nicht nur die Adresse ihres Opfers heraus, sondern durch geschicktes Nachfragen auch den Zeitpunkt, zu dem sich niemand im Haus aufhält.

»Wie schütze ich mein Kind vor diesen Gefahren?«

Verteufeln Sie Chats nicht, und verbieten Sie auch nicht die Nutzung. Angst war schon immer ein schlechter Ratgeber. Außerdem sind Verbote kontraproduktiv, da sie zum heimlichen Tun führen und einen Vetrauensverlust bewirken. Leiten Sie Ihr Kind vielmehr dazu an, eine gestärkte Haltung zu negativen Äußerungen zu entwickeln und zu lernen, damit umzugehen. So sollte es mit einem passenden Spruch antworten oder den diffamierenden Chatpartner ignorieren.

Entdecken Sie gemeinsam die Möglichkeiten der Chaträume. Zumindest zu Beginn sollten Sie Ihr Kind nicht allein chatten lassen, sondern nur in Begleitung von Ihnen selbst oder älterer Geschwister.

Stellen Sie den Computer in Ihrem Sichtfeld auf, wo Sie ab und zu einen Blick auf die Aktivitäten Ihres Kindes werfen können. Rechner gehören nicht ins Kinderzimmer!

Gefährlich kann es für Ihr Kind werden, wenn sich Kontakte oder Treffen in der realen Welt anbahnen. Häufig vertuschen Pädophile allerdings gar nicht ihr Alter und ihr Anliegen, sondern sprechen dies gezielt während der Gespräche an, sodass Ihr Kind dann frühzeitig die Notbremse ziehen kann.

Verhaltensregeln für den Aufenthalt Ihres Kindes in Chaträumen

- niemals persönliche Angaben machen
- einen guten Nicknamen (Pseudonym) wählen
- Angaben eines Chatpartners gegenüber misstrauisch sein
- sich niemals mit einem Chatpartner allein verabreden
- unangenehme Dialoge sofort beenden

Zeigen Sie Interesse für positive und negative Chaterfahrungen und seien Sie jederzeit ansprechbar für Ihr Kind. Vermitteln Sie keine Schuldgefühle.

Lernen Sie die Chaträume kennen, die Ihr Kind nutzt, und informieren Sie sich über deren Eigenheiten. Surfen Sie gemeinsam mit Ihrem Kind oder nutzen Sie den Elternzugang, den einige Chaträume bieten. Von dort aus können Sie die Kommunikation beobachten.

Empfehlenswerte Chaträume für Kinder und Jugendliche finden Sie am Ende dieses ersten Kapitels.

»Wie unterscheide ich gute Chaträume von schlechten?«

Schauen Sie sich den Chatraum, den Ihr Kind gerne besuchen möchte, in Ruhe an. Erkundigen Sie sich auf der Seite des Anbieters nach Sicherheitseinstellungen. Können unerwünschte Gesprächspartner geblockt werden? Welche Regeln für die Nutzung des Chats existieren? Gibt es Moderatoren, die eingreifen? Bei welchen Verstößen tun sie dies? Welche Sanktionen gibt es für Regelverstöße? Gute Chatrooms lassen alle Eingaben von einem Moderator vor der Freischaltung lesen; nur geeignete Inhalte werden weitergeleitet bzw. angezeigt.

»Was kann ich tun, wenn es zu einem Vorfall gekommen ist?«

Sollte es dennoch zu einer Belästigung während eines Chats kommen, melden Sie den Vorfall beim Moderator bzw. direkt beim Anbieter des Chatraums. In schweren Fällen machen Sie gemeinsam mit Ihrem Kind eine Anzeige bei der Polizei. Diese sollte nach Möglichkeit zeitnah und dokumentiert stattfinden. Notieren Sie sich dazu das Datum und die genaue Uhrzeit des Vorfalls. Beschreiben Sie den Ablauf möglichst detailliert und geben Sie nach Möglichkeit auch den Nicknamen des Verdächtigen an. Es empfiehlt sich darüber hinaus, den Dialog als Screenshot (Hardcopy) zu sichern und als Beweismittel beizufügen.

Sollte Ihr Kind wie zwei Drittel aller Internetnutzer einen Instant Messenger zur Kommunikation verwenden, sollten Sie nachfolgende Verhaltensweisen und Tipps mit ihm besprechen.

Instant Messenger vereinfachen die Kommunikation zwischen zwei oder mehr Personen, die zu dieser Unterhaltung mittels einer »Buddy-Liste« eingeladen werden müssen. Für die Teilnahme an diesem Service wird ein spezielles Programm benötigt, das zuvor aus dem Internet heruntergeladen werden muss (zum Beispiel ICQ). Da die Kommunikation direkt zwischen den Teilnehmern erfolgt, ohne dass ein Chatbetreiber zwischengeschaltet ist, existieren nur sehr eingeschränkte Möglichkeiten der Filterung und Moderation der Nachrichten. Aus diesem Grund sollte Ihr Kind

- nur gute, ihm real bekannte Freunde in die Kontaktliste aufnehmen,
- Nachrichten von fremden Personen blocken,
- die Kamera- und Voice-Funktion sowie die öffentliche Statusanzeige ausschalten,
- öffentliche Messenger-Profile anonym halten,
- Absender ungewollter Nachrichten auf eine Ignore-Liste setzen,
- das automatische Speichern des Nachrichtenverlaufs aktivieren.

Abschreiben war gestern: Hausaufgaben.de, Klassenarbeiten.net und Co.

Im Internet existiert zu jedem erdenklichen Thema mindestens ein Angebot, zu jedem vermeintlichen Problemchen eine mehr oder minder gut gemeinte Lösung. Wie könnte es also anders sein, als dass es auch für das leidige Thema der Hausarbeiten und Referate eine Vielzahl von »Hilfestellungen« im Netz gibt?

Während sich frühere Schülergenerationen für ein Referatsthema in der Schulbibliothek eingeschlossen haben oder zur Stadtbibliothek gefahren sind, um ganze Bücher nach dem betreffenden Thema durchzuwälzen, genügt heute ein Klick, und die Arbeit ist erledigt. Zugegeben, manchmal hat bei einem Thema auch früher schon die ältere Schwester geholfen. Oder man hat gleich das Referat des Bruders vor zwei Jahren zum selben Thema genommen und einfach den eigenen Namen daruntergesetzt.

Genau dies findet heute auch im Internet statt. Auf einschlägigen Seiten haben Schüler und Studenten ganze Ausarbeitungen zu allen erdenklichen Themen für alle Unterrichtsfächer abgelegt, die von dort heruntergeladen, mit einem Textverarbeitungs- oder Präsentationsprogramm bearbeitet und bereits am nächsten Tag der Klasse präsentiert werden können.

»Wo ist denn das Problem?«

Probleme mit derartigen Angeboten sind vielschichtig. Selbstverständlich werden die Schüler für die Bearbeitung ihres Hausarbeits- oder Referatsthemas sekundäre Quellen zurate ziehen müssen. Außerdem verlangt natürlich niemand von ihnen, dass sie das Rad neu erfinden müssen und sämtliche existierenden Beweise erneut selbst anstellen. Dennoch besteht vor allem bei Internetangeboten wegen der einfachen »Copy and Paste«-Funktion des Computers, das heißt das Markieren und Einfügen eines Textes in ein eigenes Dokument, die Gefahr, dass fremdes geistiges Gedankengut unzitiert und unverändert in die eigene Präsentation übernommen wird.

Weisen Sie Ihr Kind darauf hin, dass es sich dabei um Diebstahl handelt. Texte unterliegen wie Musik und Videofilme dem Urheberrecht und gehören demjenigen, der sie geschrieben hat bzw. demjenigen (zum Beispiel einem Verlag), an den der Urheber seine Rechte vertragsmäßig abgetreten hat. Zwar erfolgt bei der Übernahme von Texten in eine nur im Schulbereich gezeigte Präsentation in der Regel keine zivil- oder strafrechtliche Verfolgung (da die Öffentlichkeit davon für gewöhnlich nichts mitbekommt), aber es droht für die Arbeit eine »6«, wenn der Lehrer von diesem Klau erfährt.

Achtung! Viele Lehrer sind mittlerweile auf Zack und geben auffällige Textpassagen einer Hausarbeit in einer Suchmaschine ein, um eventuell Internetseiten mit diesem Inhalt abzurufen.

Eine weitere Gefahr besteht bei solchen Referatsportalen im Internet darin, dass es sich manchmal um kostenpflichtige Angebote handelt. Der Hinweis darauf ist häufig leicht zu übersehen, und so kann schon einmal eine zweistellige Summe fällig werden für ein Angebot, das im Buchhandel wesentlich günstiger und sorgfältiger recherchiert erhältlich gewesen wäre. Oder man hat ein Abonnement abgeschlossen und darf nun monatlich für die Nutzung der Plattform bezahlen – egal, ob man das Angebot tatsächlich abruft oder nicht.

Die Qualität der abrufbaren Materialien ist darüber hinaus sehr unterschiedlich. Die Verfasser sind meist selbst Schüler oder Studenten, die zum Thema im eigenen Unterricht ein Referat gehalten haben und dieses nun der Öffentlichkeit anbieten. Auf den ersten Blick ist es – insbesondere für ungeübte Schüleraugen – schwer zu erkennen, mit welchem Engagement sie für ihr Projekt recherchiert haben und ob die Angaben den Tatsachen entsprechen oder nicht.

Auch hier gilt demnach, dass Angaben grundsätzlich überprüft werden sollten, bevor sie übernommen werden. Ihr Kind sollte für ein Referat oder eine Hausarbeit mehrere Quellen berücksichtigen und zurate ziehen. Wenn diese übereinstimmen, wird die Wahrscheinlichkeit größer, dass es sich um keine »Ente« handelt.

Echte Freunde, falsche Freunde: Soziale Netzwerke

Soziale Netzwerke zählen wohl mittlerweile zu den beliebtesten und meistbesuchten Seiten im Internet. SchülerVZ, StudiVZ, lokalisten.de oder MySpace bieten Kindern, Jugendlichen und Erwachsenen eine Plattform, auf der sie sich und ihr Leben präsentieren und mit Freunden kommunizieren können.

SchülerVZ beispielsweise ist mit 5,5 Millionen Mitgliedern das größte deutsche Online-Netzwerk für Kinder und Jugendliche ab zwölf Jahren. Es sind insgesamt 200 Millionen Bilder abrufbar – von Porträts der Nutzer bis hin zu Verewigungen der letzten Partynacht. (Quelle: www.schuelervz.net, Stand März 2010)

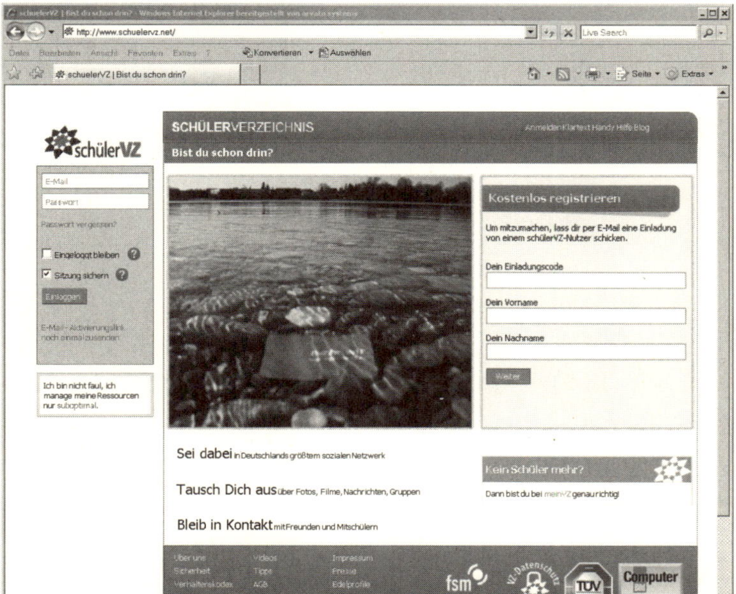

http://www.schuelervz.net – das derzeit größte deutsche Online-Netzwerk für Kinder und Jugendliche

Nach der Anmeldung auf der jeweiligen Plattform hat der Nutzer die Möglichkeit, ein eigenes Profil anzulegen. Ähnlich wie bei den einst beliebten Freundebüchern, in denen sich alle Klassenkameraden verewigen mussten, können hier Angaben zu Hobbys, Musikvorlieben oder Lieblingsbüchern gemacht sowie ein schickes Foto oder ein ganzes Video hochgeladen werden. Jeder, der ebenfalls im Portal angemeldet ist, kann diese Informationen dann abrufen.

Achtung! Jugendliche tendieren häufig dazu, sich besonders »cool« darzustellen, und berichten ausgiebig vom letzten Alkoholrausch oder sonstigen »Abenteuern«. Dies wissen längst auch die Personalabteilungen der Unternehmen, die gezielt in sozialen Netzwerken nach solchen »Zusatzinformationen« ihrer Bewerber Ausschau halten. Erschwerend kommt hinzu, dass das Internet nicht vergisst. Eine einmal hochgeladene Datei ist nur schwer wieder völlig zu entfernen und lässt sich immer noch in Suchmaschinen finden, wenn der eigentliche Eintrag schon längst gelöscht wurde.

Weisen Sie Ihr Kind auf diese Problematik hin und verdeutlichen Sie ihm, dass es wie im Chatroom auch in sozialen Netzwerken keine persönlichen Daten von sich preisgeben darf.

Eingestellte Inhalte in sozialen Netzwerken werden vom Betreiber – wenn überhaupt – nur sehr sporadisch geprüft. Daher besteht hier ganz besonders die Gefahr, dass auch pornografische oder andere nicht jugendfreie Inhalte angezeigt werden.

Problematisch werden soziale Netzwerke vor allem dann, wenn Kinder und Jugendliche allzu viel über sich verraten. Hierzu zählen insbesondere

- die Preisgabe persönlicher Daten im Netz,
- Informationen über Hobbys,

- eigene Fotos/Filme,
- Fotos/Filme von Freunden bzw. der Familie,
- die Angabe der eigenen E-Mail-Adresse,
- die Bekanntgabe der eigenen Instant-Messenger-Nummern,
- die Angabe der eigenen Telefon-/Handynummer,
- Internettagebücher.

Weisen Sie Ihr Kind auf die Gefahr hin und vereinbaren Sie mit ihm, keine persönlichen Angaben wie oben aufgeführt zu hinterlassen. Verdeutlichen Sie ihm, dass es nahezu unmöglich ist, Seiten oder Informationen aus dem Internet zu löschen. Was einmal im Netz ist, lässt sich nicht oder nur sehr schwer wieder entfernen. Begründen Sie dies auch im Zusammenhang mit zukünftigen Begebenheiten. Personalchefs, die beispielsweise im Internet auf ein Porträt eines betrunkenen Bewerbers stoßen, erhalten vielleicht einen anderen Eindruck von dieser Person als deren letzte Discobekanntschaft. Der Politologe Viktor Mayer-Schönberger hat die Konsequenz daraus einmal sehr schön zusammengefasst: Man sollte im Internet nur »das preisgeben, von dem man will, dass es wirklich jeder weiß«.

Legen Sie sich selbst einen Account bei dem von Ihrem Kind bevorzugten sozialen Netzwerk an. Dann haben Sie die Möglichkeit, Kenntnis darüber zu erlangen, welche Informationen Ihr Kind über sich selbst online gestellt hat.

Stärken Sie Ihr Kind, sich zur Wehr zu setzen und sich nicht alles gefallen zu lassen. Leiten Sie Ihr Kind dazu an, die Möglichkeiten zu nutzen, die das Medium Internet bietet (zum Beispiel Beschwerde über aggressives Verhalten eines Nutzers), und nutzen auch Sie selbst diese Möglichkeiten, wenn Ihr Kind Ihnen eine problematische Situation schildert.

Der moderne Pranger: spickmich.de

http://www.spickmich.de

Dieses Angebot ist durchaus vergleichbar mit dem der zuvor aufgeführten sozialen Netzwerke. Bei dieser speziell an Schüler adressierten Seite können die Nutzer Informationen austauschen, sich selbst dar- und vorstellen und auch Bilder und Videos hochladen.

Das Besondere an diesem Angebot ist jedoch die Möglichkeit, Lehrer der eigenen Schule anhand verschiedener Kriterien bewerten zu können:

- Unterricht
- Coolness/Humor
- fachliche Kompetenz
- Motivation
- Notengebung
- Menschlichkeit
- Vorbereitung des Unterrichts
- Auftreten und Erscheinungsbild
- Beliebtheit

In jeder der Kategorien erhalten die Lehrer eine Schulnote von 1 bis 6. Während die Beurteilenden (die Schüler) in diesem System anonym bleiben, werden die Beurteilten (die Lehrer) namentlich genannt und auf diese Weise an den virtuellen Pranger gestellt. Zusätzlich zur nummerischen Benotung haben die Schüler die Möglichkeit, die Beurteilung zu kommentieren sowie Zitate hinzuzufügen.

Veröffentlicht wird eine Bewertung allerdings erst, wenn weitere Bewertungen des betreffenden Lehrers eingegangen sind, was eine gewisse Objektivität gewährleisten soll. Dennoch ist das Angebot in der Kritik. Lehrer und ihre Verbände befürchten, dass durch eine solche Plattform Streiche oder auch Racheaktionen für eine schlechte Note in bislang ungeahnter Dimension nach außen getragen werden und ihre Reputation in der Öffentlichkeit gefährdet wird.

Außerdem stellt sich die Frage: Wann ist ein Lehrer ein guter Lehrer? Ist ein Sportlehrer, der für jeden Spaß zu haben ist und bei so mancher Klassenfahrt gerne mal ein Auge zudrückt und mit den älteren Schülern ein Bierchen zischt, ein besserer

Lehrer als der, der angeblich immer zu viele Hausaufgaben aufgibt und auch viel zu hart benotet?

Sprechen Sie mit Ihrem Kind über den Schutz der Persönlichkeitsrechte. Ihr Kind selbst möchte bestimmt nicht, dass im Internet schlecht über es geschrieben wird. Dasselbe Recht muss auch für seine Lehrer gelten.

Weisen Sie darauf hin, dass die eingestellten Kriterien und Bemerkungen für immer und weltweit abrufbar sind und dass der betreffenden Person damit immenser Schaden zugefügt werden kann.

Außerdem besteht die Gefahr, dass der Lehrer sich gegen eine etwaige Verleumdung wehrt, was unter Umständen straf- oder zivilrechtliche Konsequenzen nach sich ziehen kann.

Generell ist eine Bewertung von Lehrerinnen und Lehrern allerdings statthaft, wie ein Urteil des Bundesverfassungsgerichtes im Juni 2009 begründete. Eine Lehrerin hatte gegen ihre Bewertung im Internet gegen die Betreiber von spickmich.de geklagt und verloren.

Wie schütze ich mein Kind vor jugendgefährdenden Inhalten?

Es wurde an mehreren Stellen in diesem Buch bereits erwähnt: Das Internet bietet eine Fülle von interessanten und auch für Kinder und Jugendliche nützlichen Informationen und Möglichkeiten, aber leider auch eine große Zahl von weniger geeigneten Inhalten.

Kinder und Jugendliche werden im Internet mit Inhalten konfrontiert, die für sie nicht geeignet sind oder die sie gar gefährden können. Problematisch wird diese Angelegenheit insbesondere deswegen, weil das Internet ein globales Medium ist.

Angebote, die gegen deutsches Recht verstoßen, können in dem Land, von dem aus der Seitenbetreiber operiert, durchaus legal sein, weswegen dieser dann nicht zur Rechenschaft gezogen werden kann. Grenzübergreifende Jugendschutzmaßnahmen oder Standards gibt es bislang keine.

Ein großes Problem in dieser Hinsicht ist die rechtsextreme Propaganda, mit der radikale Gruppen im Netz eine rassistische Hetzjagd veranstalten und auf Mitgliederfang gehen. Auf ihren Seiten werden Aufmärsche und Demonstrationen geplant und angekündigt, neonazistische Artikel verkauft und rechtsradikale Musik angeboten. Hiermit wird versucht, Jugendliche von dieser Gesinnung zu überzeugen.

Eine weitere Gefährdung der Kinder und Jugendlichen besteht im immensen Angebot an pornografischem Material. Der Zugang hierzu ist ohne Probleme für alle Altersgruppen möglich. Oft reicht ein kleiner Tippfehler beim Eingeben der gewünschten Adresse, um auf ein solches Portal zu gelangen. Das ungeheure wirtschaftliche Potenzial, das in solchen Angeboten steckt, zeigt sich in der Tatsache, dass einige der mittlerweile alltäglichen Technologien zuerst auf Pornoseiten eingesetzt wurden, wie etwa das Verfahren der Kreditkartenzahlung.

Hinzu kommen Gewalt darstellende und verherrlichende Seiten, deren Inhalte aus realen oder gestellten Tötungsszenen bestehen, um die Nutzer dieser Seiten bewusst zu schockieren. Die Darstellungen sind zum Teil äußerst brutal, aber dennoch (oder gerade deswegen) bei Jugendlichen sehr beliebt.

Insbesondere jüngere Kinder, die ihre ersten Gehversuche im Internet unternehmen, sollten Sie schon aus diesem Grund nicht über gewöhnliche Suchmaschinen surfen lassen, da diese ungefiltert sämtliche Seiten anzeigen und auch auf für Kinder und Jugendliche ungeeignete Angebote verweisen.

⚠ **Richten Sie Ihrem Kind vielmehr eine kindgerechte Suchmaschine ein, die nur geeignete Seiten anzeigt, oder nutzen Sie die Möglichkeit einer Favoritenliste. Seien Sie ein Ansprechpartner für Ihr Kind, falls es dennoch einmal auf eine für es unverständliche, bedrohliche oder irritierende Seite stoßen sollte. Richten Sie gegebenenfalls einen technischen Filter ein, der ungeeignete Seiten (zum Beispiel pornografischen Inhalts) nicht anzeigen lässt.**

Machen Sie Ihr Kind darauf aufmerksam, dass sich Menschen inkognito im Internet bewegen und unterhalten. Die wahre Identität beispielsweise eines Chatpartners lässt sich nicht oder nur sehr schwer feststellen. Erklären Sie Ihrem Kind daher, dass es keinesfalls seine persönlichen Daten preisgeben soll und sich nicht mit Fremden in der Realität treffen darf.

Besprechen Sie mit Ihrem Kind die Themen Rechtsextremismus, Gewalt und Pornografie, und zeigen Sie ihm die Gefahren auf, die von diesen Inhalten ausgehen.

Von Würmern, trojanischen Pferden und anderen Viren

Spätestens seit der E-Mail-Anhang »I love you« vor einigen Jahren für weltweites Aufsehen sorgte, weil er ganze Unternehmen lahmlegte, sind Computerviren auch der breiten Öffentlichkeit ein Begriff. Ist der Virenbefall eines Computers im privaten Bereich zwar durchaus lästig und unter Umständen für den Ausfall wichtiger Programme verantwortlich, so kann er in Unternehmen durch einen damit einhergehenden Rechnerausfall für einen hohen finanziellen Schaden sorgen. Der oben erwähnte Virus verursachte beispielsweise mit Kosten in Höhe von 9,89 Milliarden Euro den bislang größten Schaden, aufgrund dessen sogar die amerikanische Bundespolizei ermittelte.

In Deutschland unterscheidet der Gesetzgeber zwischen Computerbetrug, der nach § 236 StGB geregelt wird und den unberechtigten Zugang zu Daten sowie die unbefugte Manipulation von Hard- und Software beinhaltet, und Computersabotage, die Veränderung, Beschädigung und Zerstörung von Datenverarbeitungsanlagen, die gemäß § 303b StGB mit bis zu fünf Jahren Haft geahndet wird. Dazu zählen die bereits erwähnten Computerviren, die sich in einen fremden Computer einnisten und dort verbreiten – ähnlich wie es ihre biologischen Vorbilder im menschlichen Organismus auch tun. Im Computer können Viren die Dateien oder Dateistrukturen verändern oder gar löschen sowie die Festplatte formatieren.

Als »trojanische Pferde« werden Viren bezeichnet, die sich hinter Anwendungen oder anderen nützlichen Programmen verbergen und sich nach dem Aufrufen dieses Programms selbst aktivieren. Ursprünglich wurden derartige Programme zur Fernwartung von Computern eingesetzt, doch die Liste deren missbräuchlicher Einsätze ist lang.

Würmer versenden in der Regel infizierte E-Mails über das Adressbuch von E-Mail-Programmen und vervielfältigen sich danach selbst auf der Festplatte des Anwenders, sodass allmählich der Speicherplatz des Rechners schwindet.

Konnte man seinen Rechner früher vor einem Virenbefall präventiv schützen, indem man gänzlich auf Kopien verzichtete und vor jedem Zugriff auf eine Fremddiskette diese durch eine Antivirensoftware gründlich nach eventuell vorhandenen Viren untersuchen ließ, stellt sich diese Angelegenheit heute durch die Popularität des Internets als schwieriger dar. Durch die weltweite Vernetzung lassen sich derartige unerwünschte Programme problemlos verbreiten, und tatsächlich werden monatlich etwa 300 neue Viren in Umlauf gebracht.

Die meisten Programme zur Bekämpfung von Computerviren lassen sich regelmäßig durch das Internet aktualisieren (sprich: »updaten«), sodass dadurch ein gewisser Schutz gegeben sein dürfte. Den besten Schutz vor einem Virenbefall erhalten Sie jedoch durch gewisse Vorsichtsmaßnahmen, auf die Sie auch Ihr Kind hinweisen sollten. Seien Sie beispielsweise wachsam, wenn Sie einen Anhang einer E-Mail vorfinden, dessen Titel nicht auf seinen tatsächlichen Inhalt schließen lässt bzw. der in der begleitenden Nachricht nicht erwähnt wird. Im Zweifelsfall fragen Sie den Absender der Nachricht nach einem Anhang, bevor Sie ihn öffnen. Die gleiche Wachsamkeit gilt für Dateien, die Sie aus dem Internet auf Ihren Rechner herunterladen möchten. Führen Sie einen solchen Download nur aus, wenn Sie von der Seriosität des Anbieters hundertprozentig überzeugt sind.

Ein Briefgeheimnis, wie es für konventionell verschickte Post gilt, hat im Zeitalter der elektronischen Nachrichten an Geltung verloren. Über das Internet können gewiefte Anwender, sogenannte Hacker, vom eigenen Rechner aus direkt auf Ihren heimischen PC zugreifen, ohne dass Sie irgendetwas bemerken. Die Hacker können dabei nicht nur Ihre Nachrichten lesen und Ihre sämtlichen Briefwechsel verfolgen, sondern gelangen auch auf Ihre Festplatte sowie alle während des Spionageangriffs in den Laufwerken befindlichen Datenträger sowie angeschlossene USB-Sticks. Die dort befindlichen Dateien können von den Spionen geöffnet, gelesen, auf ihren eigenen Rechner heruntergeladen oder gelöscht werden. Ein solcher Zugriff kann immer dann geschehen, wenn Ihr Rechner online ist, das heißt eine Verbindung mit dem Internet hergestellt hat. Sie müssen sich dabei nicht unbedingt selbst im Internet befinden.

Einen hundertprozentigen Schutz vor derartigen Eingriffen in Ihre Privatsphäre werden Sie wohl kaum finden. Vorsicht und Wachsamkeit beim Umgang mit persönlichen Daten und Dokumenten in Verbindung mit der Nutzung des Internets und seinen Dienstleistungen ist trotzdem – oder gerade deshalb – geboten.

Gegen solch schadhafte Software, die als Malware bzw. Spyware (von lat. malus = schlecht, böse, schlimm bzw. engl. to spy = spionieren) unbekannt im Hintergrund läuft und den Rechner ausspioniert bzw. Zugriffe auf Ihre persönlichen Dateien für Fremde zulässt, helfen oben genannte Vorsichtsmaßnahmen und die eigene Aufklärung darüber und die Ihrer Kinder.

Manche Programme schließen Ihren Rechner mit anderen infizierten Computern zu einem Netzwerk zusammen, um auf diese Weise SPAMs oder weitere schadhafte Programme in großem Stil versenden zu können. Neben den eingangs erwähnten Viren, Würmern und trojanischen Pferden haben sich in letzter Zeit vor allem folgende Aktivitäten dazugesellt:

Phishing: Der Neologismus aus den englischen Begriffen **P**assword und **Fishing** beschreibt das Ergaunern von PINs und TANs für das elektonische Banking durch offiziell aussehende E-Mails, in denen Sie scheinbar von Ihrer Bank dazu aufgefordert werden, aus Überprüfungszwecken Ihre Kennnummern einzugeben. Obwohl die Banken seit Jahren versichern, derartige Abfragen niemals per E-Mail zu versenden, fallen noch immer zahlreiche Anwender auf diese Form des Online-Betrugs herein. Sage und schreibe 15 Prozent solcher Aktionen führen Kriminelle zum Ziel!

Wardriving: Dabei fahren die Betrüger im Auto durch die Straßen und suchen offene, das heißt ungesicherte WLAN-Netze, in die sie sich dann einwählen, um auf Kosten des Anschlussnehmers zu surfen sowie im schlimmsten Fall über seinen Zugang (also über seine IP-Adresse) kriminelle Aktivitäten durchzuführen (wie etwa das Ausspähen von Daten, das Vornehmen von Datenveränderungen, Betrug oder der Erwerb und die Verbreitung von Kinderpornografie).

Die erste Konsequenz sollte demnach immer sein, wirklich wichtige und geheime Daten oder Dokumente niemals auf der

Festplatte zu speichern, sondern einen auswechselbaren Datenträger vorzuziehen. Während des Arbeitens im Internet bzw. solange Ihr Rechner online ist, sollten Sie keine Datenträger einlegen oder anschließen, auf denen wichtige Dokumente enthalten sind. PIN-Nummern für das Girokonto und sonstige persönliche Geheimzahlen sollten ohnehin nirgendwo gespeichert werden.

Gegen das ungewollte Lesen Ihrer elektronischen Nachrichten durch Dritte können Sie sich wehren, indem Sie E-Mails mithilfe eines Kryptografie-Programms verschlüsseln. Ein mathematischer Algorithmus verwandelt Ihren Text dabei in ein Buchstaben-Zahlen-Gewirr, das sich nur durch die Eingabe eines Passwortes wieder entschlüsseln lässt. Dieses Passwort sollten Sie selbstverständlich auf einem anderen als dem elektronischen Wege übermitteln, um einen Missbrauch garantiert ausschließen zu können.

Auf vertrauliche Angaben in E-Mails bzw. in Online-Formularen sollten Sie dennoch nach Möglichkeit verzichten und jeweils nur die unbedingt erforderlichen Einträge leisten. Auch Ihr Kind sollte es, wie bereits mehrfach angesprochen wurde, in der Regel grundsätzlich vermeiden, persönliche Angaben im Internet zu machen.

Eine weitere Möglichkeit des Schutzes vor einem unbefugten Zugriff auf Ihren Rechner sowie Ihren Datenbestand besteht in der Installation einer sogenannten Firewall. Dies ist ein Programm, das angestrebte Zugriffe über das Netz auf Ihren Computer erkennt und Sie umgehend über einen Spionageversuch eines fremden Rechners in Kenntnis setzt. Sie können diese Nachricht dann ignorieren oder den Zugriff für diesen Anwender verweigern. Raffinierte Hacker verfügen allerdings über eine ausgefeilte Technik und Software, womit sie auch eine installierte Firewall umgehen können. Vollkommen sicher sollte sich im Internet daher niemand fühlen.

Folgende technische Möglichkeiten stehen Ihnen zur Verfügung, um sich, Ihr Kind und Ihren Rechner vor unbefugten Zugriffen zu schützen:

- Virenschutzsoftware
- Anti-SPAM-Filter, die unerwünschte E-Mails automatisch aussortieren
- Dialerschutzprogramme, die automatische und teure Verbindungen über Einwählprogramme verhindern
- Anti-Spy-Software gegen die unbemerkte Ausspionierung Ihres Rechners
- Kryptographie-Software zur Verschlüsselung Ihrer Daten
- Firewall
- Jugendschutzsoftware, die ungeeignete und jugendgefährdende Inhalte nicht anzeigen lässt
- Sofern Sie drahtlos im Internet unterwegs sind (sich also per WLAN einwählen), richten Sie eine WPA2-Verschlüsselung ein. Die Vorgehensweise ist ausführlich und leicht nachvollziehbar im Handbuch zu Ihrem Router beschrieben. Konsultieren Sie gegebenenfalls einen Fachmann vor Ort, der Ihnen bei der Einrichtung eines wirklich sicheren Netzwerkes behilflich ist.
- Checken Sie von Zeit zu Zeit, ob sich jemand über Ihren Router ins Internet eingeloggt hat.
- Halten Sie Ihr Betriebssystem auf dem neuesten Stand und installieren Sie neue Updates. Nur so stellen Sie sicher, dass in einer älteren Version aufgetretene Sicherheitslücken geschlossen werden.
- Installieren Sie nur Programme seriöser Anbieter, denen Sie vertrauen können.
- Öffnen Sie E-Mails nur in der Textansicht, niemals in der HTML-Fassung, da sich auf diese Weise leichter Viren auf Ihrem Rechner einnisten können.

Der Knigge fürs Netz: Anstand und Etikette gelten auch hier!

Das Internet ist so (un-)moralisch wie die Gesellschaft, in der es eingesetzt wird.

Im Internet entstehen neue Gesellschaftsformen und Lebensräume, die sich ihre eigenen Werte und Normen generieren. Unterschiedliche Kulturen neigen dazu, sich zu verflechten und ungeahnte Verbindungen miteinander herzustellen. Auf diese Weise entsteht ein Flickenteppich unterschiedlicher Denkformen und Ethikhorizonte.

Moralische Standards aus der realen Welt werden auch in virtuellen Räumen nicht nur gewahrt, sondern sogar weiterentwickelt. So entstand beispielsweise ein ungeschriebenes Regelwerk eines höflichen Miteinanders im Netz, an das sich alle verantwortungsbewussten Nutzer halten. In Anlehnung an die Etikette in der Gesellschaft wird es »Netiquette« genannt.

Das Internet ist zu einem Ort kreativer Konkurrenz und produktiver Selektion von Moralvorstellungen und Weltbildern geworden, die die Fähigkeit aller Nutzer zur permanenten Selbstreflexion und Offenheit nach außen verlangt.

Zu den Fragen, die sich jugendliche Nutzer in diesem Zusammenhang stellen, zählen:

Vor allem in Chaträumen und beim Versenden von E-Mails kommt es auf den richtigen Umgang miteinander an – die Netiquette. Obwohl durch das Versenden von Nachrichten mit dem Computer viel Zeit eingespart werden kann, ist vielen Nutzern von E-Mails das Verfassen langer und ausführlicher Texte noch immer zu zeitaufwendig, und so haben sich im Laufe der letzten Jahre sogenannte Emoticons und Akronyme in vielen E-Mails etabliert.

Emoticons, ein Neologismus aus den Wörtern Emotion (Gefühl) und Icon (Ikone, Darstellung), bezeichnet jene einfallsreichen Gesichter, die aus Standardzeichen bestehen und – seitwärts »gelesen« – die unterschiedlichsten Gefühle ausdrücken. Zu den am häufigsten verwendeten Symbolen zählen wohl die folgenden:

:-)	glücklich	:-(	unglücklich
:-))	sehr glücklich	:-((	sehr unglücklich
;-)	augenzwinkernd	>:-)	bös grinsend
:-D	lachend	:‹-(	weinend
:-O	überrascht	(:-)	glatzköpfig
:-)X	Krawattenträger	8-)	Brillenträger
:-?	Pfeifenraucher	:-Q	Zigarettenraucher
*-)	betrunken	<:-)	Idiot

Häufig verwendete und in der Regel auch von vielen E-Mail-Verfassern verstandene Akronyme sind etwa:

AFAIK	as far as I know	soweit ich weiß
BTW	by the way	übrigens
FAQ	frequently asked question	häufig gestellte Frage
FYI	for your information	zu Ihrer Information
IMO	in my opinion	meiner Meinung nach
IOW	in other words	mit anderen Worten
LOL	laughing out loud	laut lachend
OIC	oh, I see	aha, ich verstehe
OTOH	on the other hand	auf der anderen Seite
TNX	thanks	danke

Zur besonderen Hervorhebung einzelner Wörter oder Satzteile können Sie diese etwa in Sterne einfassen, wie zum Beispiel »Dieser Text ist *sehr wichtig*«. Die ausschließliche Verwendung von Großbuchstaben für einen Textteil symbolisiert das Schreien dieses Textes. Demnach ist ein komplett in Großbuchstaben verfasster Text nicht nur sehr schlecht lesbar, sondern zudem auch äußerst unhöflich.

Hänseln auf die harte Tour: Cyber-Bullying und Cyber-Mobbing

Das Internet bietet ungeahnte Möglichkeiten der Selbstdarstellung, Präsentation und Information. Seine Kommunikationswerkzeuge bieten aber auch vielfältige Möglichkeiten, andere Menschen zu diffamieren, zu beleidigen oder an den virtuellen Pranger zu stellen. Während ein an einem echten Pranger stehender Geächteter allerdings nach einiger Zeit den Marktplatz wieder als freier Mensch verlassen durfte, vergisst der virtuelle Pranger nichts. Alles, was irgendjemand einmal über jemand anderen ins Netz stellt, bleibt für alle Zeit für die ganze Welt abrufbar.

Cyber-Mobbing bzw. Cyber-Bullying bezeichnet die elektronische, »moderne« Form des Beleidigens, Bedrohens oder Diffamierens einer oder mehrerer Personen, meist über einen längeren Zeitraum hinweg.

Da die Kommunikation und sogar das Pflegen und Finden von Freundschaften heute in weiten Teilen in virtuellen Räumen stattfindet, ist der sich abzeichnende Trend zum Cyber-Mobbing nicht verwunderlich. Die Opfer werden dabei entweder direkt angeschrieben (zum Beispiel per E-Mail, SMS oder im Chat) oder in sozialen Netzwerken bloßgestellt. Häufig werden hierzu Äußerungen verwendet, die nicht der Wahrheit entsprechen, Zitate gefälscht oder Bilder manipuliert, um der betroffenen Person zu schaden. Meist geschieht dies durch anonyme Täter, sodass der Betroffene nicht einmal weiß, wer ihn angegriffen hat.

Untersuchungen zufolge sind mehr als die Hälfte der Verursacher von Cyber-Mobbing Mitschüler des Opfers, jeder Zehnte ist eine Internetbekanntschaft oder ein Freund.

Mobbing gibt es an jeder Schule, und zwar nicht erst seit der Erfindung des Internets. Neu am Cyber-Mobbing ist aber, dass sich Opfer nirgendwo vor den Angriffen schützen können, da die Neuen Medien immer und überall zugänglich sind. Schläger in der wirklichen Welt stoßen an ihre Grenzen, wenn das Opfer zu Hause oder in der Schule ist; für Cyber-Mobber gibt es diese Grenzen nicht.

Ein weiteres Problem ist die Zugänglichkeit der Bloßstellung. Wenn Fritzchen in der Klasse verkündet, dass Anna Popel isst, mag das für Anna schlimm sein, aber eine viel größere Öffentlichkeit als den Klassenverband wird Fritzchen mit seiner Äußerung nicht erreichen. Anders ist es jedoch, wenn er diese Nachricht gezielt in jenem sozialen Netzwerk platziert, in dem sich Anna aufhält. Denn dann kann die Nachricht kopiert, an beliebige weitere Foren weitergeleitet und verändert werden. Auch bleibt der Vorfall länger im Gedächtnis. Während ihn die Klasse schon am nächsten Tag vergessen hat, können Informationen dieser Art im Internet immer wieder an die Öffentlichkeit gelangen und es Anna auf diese Weise schwer machen, darüber hinwegzukommen.

Die Anonymität des Internets verleitet zu größerer Aktivität. Während Fritzchen stets befürchten muss, dass sich Anna beim Lehrer über ihn beschwert, hat er im Internet ein leichtes Spiel. Ähnlich wie beim Maskenball baut er sich eine andere Identität auf, die ihn zu Schritten bewegt, die er im realen Leben nicht unternehmen würde.

»Was genau passiert beim Cyber-Mobbing?«

Cyber-Mobbing kann über verschiedene Kanäle stattfinden. In Chaträumen beispielsweise können gemeine Botschaften über das Opfer verschickt oder eine Person bewusst ausgegrenzt werden. Auch besteht die Möglichkeit, dass anonym eine Bekanntschaft mit dem Opfer geschlossen wird, um auf diese Weise an Informationen über die Person zu gelangen, mit denen sie anschließend erpresst oder verleumdet werden kann. Auch per E-

Mail lassen sich diffamierende oder andere gemeine Nachrichten über eine Person versenden, unter Umständen auch über eine falsche Adresse.

In sozialen Netzwerken können Bilder oder Videos über die betroffene Person hochgeladen werden, die sie in ein schlechtes Licht rücken lassen. Diese Dateien können auch gefälscht worden sein. Darüber hinaus lassen sich böse Kommentare über das Opfer einstellen oder es finden sich Verbündete in sogenannten »Hassgruppen« zusammen, die dann gemeinsam gegen das Opfer vorgehen. Besonders schlimm ist es, wenn unter dem Namen des Opfers ein eigenes, gefälschtes Profil erstellt wird, das die Person bewusst bloßstellt.

»Was kann ich gegen Cyber-Mobbing tun?«

An erster Stelle steht die Aufklärung. Jugendliche wissen oft nicht, was sie mit einer Bloßstellung eines Mitschülers im Internet anrichten können. Für sie ist es häufig nur ein Streich, um jemandem kurzfristig »eins auszuwischen«. Sprechen Sie daher mit Ihrem Kind über die Konsequenzen, die Cyber-Mobbing für das Opfer haben kann. Die Schule Ihres Kindes kann ein Ansprechpartner sein und Hilfestellung geben.

Sofern Ihr Kind Opfer von Cyber-Mobbing geworden ist, stehen Sie ihm als Ansprechpartner und Zuhörer zur Seite. Wenden Sie sich an die Schule, sofern es sich bei dem Verursacher um einen Mitschüler handelt. Bestehen Sie darauf, dass das Verhalten Konsequenzen nach sich ziehen muss und nicht als harmloser Schülerstreich abgetan werden darf. Melden Sie den Vorfall dem betreffenden Serviceanbieter (beispielsweise dem Betreiber des Netzwerkes). In schweren Fällen (zum Beispiel bei einer akuten Bedrohung) wenden Sie sich an die Polizei und erstatten Sie gegebenenfalls Anzeige. Zur Beweisführung sollten Sie sich Kopien der Nachrichten bzw. des gesamten Vorfalls anlegen.

So ist's recht

Werden Bilder oder Videos über eine Person der Öffentlichkeit zugänglich gemacht (zum Beispiel in sozialen Netzwerken), verstößt dies gegen das Persönlichkeitsrecht und das Recht am eigenen Bild. Die bewusste Angabe falscher Tatsachen kann strafrechtlich verfolgt werden, da es sich um eine Verleumdung im Sinne der üblen Nachrede handelt.
Härtere Varianten des Cyber-Mobbing, wie beispielsweise Drohung, Erpressung oder Nötigung, sind grundsätzlich Straftaten, die angezeigt werden sollten.

Ihr Kind kann darüber hinaus selbst einige Vorkehrungen treffen, um nicht erneut Opfer des »Bullys« zu werden. So gibt es bei den meisten Netzwerken, Chaträumen und Instant Messengern die Möglichkeit, einen ungewollten Gesprächspartner zu ignorieren oder zu sperren. Dann hat diese Person keine Chance mehr, Ihr Kind zu belästigen.

Wenn das Mobbing per E-Mail geschieht, besteht die Möglichkeit, den Absender als »SPAM« zu kennzeichnen, der dann bei der nächsten Nachricht automatisch aussortiert wird. Genügt dies nicht, sollte die eigene E-Mail-Adresse geändert werden. Bei der Weitergabe der neuen Nachricht sollten Sie aber besondere Vorsicht walten lassen, dass der unerwünschte Absender nicht (zum Beispiel über Umwege) auch Kenntnis von der neuen Adresse erlangt.

Grundsätzlich sollte Ihr Kind nicht auf beleidigende Nachrichten antworten, sondern diese ignorieren, um den Verursacher nicht zu neuen Mitteilungen zu ermuntern.

Und Papa hat keinen Cent dazubezahlt – Internettelefonie

Die Wunderwelt der Neuen Medien lässt ihre Bestandteile zunehmend verschmelzen. Töne werden nicht nur mit Bildern kombiniert, Texte mit Animationen – ganze Medien vereinen sich zu einem neuen Medium, das mehr bietet als die Summe seiner Einzelteile. Mehr Möglichkeiten, aber auch zusätzliche Gefahren.

So ist für das Telefonieren längst kein Telefon, Handy oder sonstiges Gerät mehr erforderlich – ein Internetzugang genügt, und der Nutzer kann rund um die Uhr in alle Welt telefonieren. Das Einzige, was vor dem Telefonieren unternommen werden muss, ist, eine entsprechende Software herunterzuladen. Ein »Headset« (Kombination aus Kopfhörern und Mikrofon) erleichtert die Kommunikation, da hier ja nicht mehr durch einen Telefonhörer gesprochen wird.

»Skype« ist ein solcher Anbieter von Internettelefonie und bietet einen kostenlosen Download der notwendigen Software auf seiner Seite an (www.skype.com). Möchte man nur die Grundfunktionen nutzen (und die reichen für das Telefonieren über das Internet allemal aus), fallen weder eine Grundgebühr noch ein Minutentakt für die Gespräche an, und das gleichgültig, wohin der Anruf geht und woher er kommt.

Skype gehört zum Konzern des Internetauktionshauses eBay und bedient sich der »Voice over IP«-Technik, das heißt, das Gesprochene wird auf dieselbe Weise übertragen wie Mitteilungen beim herkömmlichen Surfen im Internet. Anders als beim traditionellen Telefonieren wählen Sie keine Nummer, sondern einen Namen, den sich der Adressat bei der Anmeldung auf der Plattform gegeben hat. Mittels einer Suchfunktion lassen sich alle angemeldeten Nutzer (zum Beispiel gefiltert nach Herkunftsland oder Geschlecht) anzeigen. Daraus kann man den betreffenden Gesprächspartner anwählen. Da eine solche manuelle Suche aufgrund der Vielzahl der eingetragenen Nutzer sehr umständlich ausarten kann, sollten Sie den Namen vorher erfragen und ihn in Ihrem Skype-Adressbuch speichern. Dasselbe gilt natürlich für Ihren Benutzernamen. Um für andere erreichbar zu sein, müssen Sie diese über Ihren Namen in Kenntnis setzen, damit auch Sie erreichbar und anwählbar sind. Das war beim guten, alten Telefon nicht anders – ohne Rufnummer keine Verbindung!

Nach dem Start des Programms können Sie erkennen, wer von den Personen in Ihrem Adressbuch gerade online, das heißt anrufbar ist. Sie können die Software so einrichten, dass sie sich beim Start des Computers automatisch in den Hintergrund stellt, sodass eingehende Anrufe direkt an Sie durchgestellt werden können, und zwar unabhängig davon, welche Tätigkeit Sie gerade mit Ihrem Computer ausführen. Sie müssen lediglich eine Verbindung zum Internet aktiviert haben.

Die Sprachqualität und die Geschwindigkeit der Datenübermittlung ist mittlerweile recht hoch, sodass eine ungestörte Kommunikation gewährleistet ist. Natürlich ist diese bedingt von den Spracheingabe- und -ausgabegeräten der Gesprächspartner; ein gutes Headset gibt es allerdings bereits für einen geringen zweistelligen Eurobetrag.

Verfügen Sie darüber hinaus über eine Kamera (»Webcam«), können Sie ebenfalls kostenlos Videotelefonie betreiben, das heißt, Sie sehen Ihren Gesprächspartner, als würden Sie mit ihm von Angesicht zu Angesicht sprechen. Nun ja, theoretisch jedenfalls. Praktisch ist das Bild von nicht allzu perfekter Qualität, und es gibt häufig eine Zeitverzögerung, die eine ruckelnde Darstellung verursacht.

Neben dem Anbieter Skype gibt es eine Reihe weiterer Unternehmen, die mittels »Voice over IP« Internettelefonie ermöglichen, bei denen man teilweise das eigene Telefon nutzen kann. In den meisten Fällen fallen dafür Gebühren an, die jedoch wesentlich geringer sind als die regulären Telefontarife.

»Wo liegt denn das Problem?«

Was sich zunächst anhört wie das Schlaraffenland für alle Telefon-Junkies, hat natürlich auch einen Haken, wenn wir an unsere lieben Kleinen denken. Diese können nämlich noch ungestörter mit anderen Menschen kommunizieren, als es über das gewöhnliche Telefon der Fall ist. So erscheint beispielsweise auf der Telefonrechnung kein Verbindungsnachweis, und telefoniert werden kann praktisch zu jeder Zeit, sobald ein Internetzugang vorhanden ist.

»Ich will mein Kind auch nicht permanent kontrollieren«, werden Sie vermutlich denken. Und ich gebe Ihnen recht. Einerseits. Andererseits weise ich aber darauf hin, dass Sie hier überhaupt keinen Einblick darüber haben, mit wem Ihr Kind sich unterhält, woher es diese Person kennt und ob es beim (heimlichen) Telefonieren bleibt. Anders als beim klassischen Telefonieren können beide Gesprächspartner, ähnlich wie in Chaträumen, anonym bleiben. Es gibt keine Telefonnummer, mithilfe derer der Adressat eindeutig zu identifizieren wäre. Ebenso wenig müssen die bei der Anmeldung gemachten Angaben zutreffend sein. Zwar sagt die Stimme einiges über ihren Besitzer aus, dennoch sollte Ihr Kind mit ihm unbekannten Chatpartnern nicht völlig vorbehaltlos über das Internet kommunizieren.

Sprechen Sie mit Ihrem Kind über Vorsichtsmaßnahmen bei der Internettelefonie. Weisen Sie es in diesem Zusammenhang auf die Notwendigkeit hin, die von der Software angebotenen Optionen zum Schutz der Privatsphäre unbedingt eingeschaltet zu lassen und diese nicht zu deaktivieren. Hierzu zählt beispielsweise, dass die gespeicherten Kontakte und Angaben zur eigenen Person nicht automatisch angezeigt werden, kein eigenes Bild zur Visitenkarte hochgeladen bzw. auf Videotelefonie verzichtet wird und Unbekannte, das heißt nicht unter den Kontakten gespeicherte Personen, Ihr Kind nur nach Einholung einer Genehmigung kontaktieren dürfen.

Stufe 6

Damit Sie mitreden können – die wichtigsten Begriffe für die Internetnutzung

Bandbreite

Dieser Begriff bezeichnet die Transportkapazität einer Datenverbindung, also die Geschwindigkeit, mit der man durch das Internet surfen kann.

BCC

BBC steht für Blind Carbon Copy (»Blinde Kopie«) – eine Durchschrift (Kopie) einer → E-Mail an weitere Adressaten. Diese sind jedoch für keinen der Empfänger ersichtlich.

Browser

Die Software, mithilfe derer die Internetseiten auf dem Computer angezeigt werden, wird Browser genannt. Häufig verwendet werden beispielsweise der Internet Explorer von Microsoft oder Netscape Navigator. Auch Mozilla Firefox ist ein solcher Browser.

CC

CC steht für Carbon Copy, die »Durchschrift« bzw. Kopie einer → E-Mail an einen weiteren Adressaten.

Chat

In einem Chat erfolgt eine Unterhaltung über das Internet mit einem oder mehreren Gesprächspartnern.

Cookie

Dies ist entgegen der deutschen Übersetzung kein essbarer Keks, sondern bezeichnet auf dem Rechner gespeicherte Informationen über Ihre Internetnutzung. Diese gespeicherten Daten werden beim nächsten Aufruf derselben Seite benutzt, um diese schneller anzeigen zu können.

Dialer
Hierbei handelt es sich um Einwahlprogramme, die häufig über eine teure Telefonverbindung den Zugang zum Internet herstellen.

Download
Das Herunterladen von Dateien aus dem Internet auf den eigenen Rechner oder ein Speichermedium wird mit diesem Begriff wiedergegeben.

E-Mail
Elektronische Post wird als E-Mail (Electronic Mail) bezeichnet.

Firewall
Hierbei handelt es sich um einen Schutz vor unerwünschten Fremdzugriffen auf einen Computer. Dabei werden Eingänge (sogenannte Ports) gesperrt oder Zugriffe auf das Netzwerk abgewiesen.

Homepage
Die Internetseite einer Person oder eines Unternehmens wird Homepage genannt.

Hyperlink
Internetseiten sind in der Regel miteinander verlinkt, das heißt verbunden. Klickt man beispielsweise auf eine Abbildung oder einen Textausschnitt, wird man häufig auf einen anderen Teil des Dokuments oder gar auf eine andere Internetseite weitergeleitet.

Intranet

Im Gegensatz zum Internet wird das abgeschlossene (und von außen nicht einsehbare) Netzwerk beispielsweise eines Unternehmens oder einer Behörde als Intranet bezeichnet.

Login

Um sich als rechtmäßiger Nutzer eines Internetangebots (zum Beispiel den E-Mail-Dienst) auszuweisen, muss man sich »einloggen«, das heißt seinen Benutzernamen und ein persönliches Kennwort eingeben.

Phishing

»Phishing« steht für eine Masche von Trickbetrügern im Internet, die durch gefälschte E-Mails von Banken Kunden dazu bringen wollen, ihre Bankverbindung sowie ihre PIN und TAN einzugeben, um diese auf solche Weise »abzufischen« und Geld auf eigene Konten oder die von Strohmännern umzubuchen.

Provider

Über einen Provider (zum Beispiel O_2, E-Plus oder T-Online) erhalten Sie einen direkten Zugang zum Internet.

Upload

Das Gegenteil von → Download bezeichnet das Bereitstellen (Hochladen) von eigenen Dateien im Internet.

Stufe 7
Empfehlenswerte Internetseiten für Kinder und Jugendliche

Die große Welt des World Wide Web ist unüberschaubar. Täglich verschwinden Internetseiten, stündlich kommen neue Angebote hinzu. Viele Fundstellen sind für Kinder und Jugendliche nicht geeignet oder gar gefährlich. Wer hier den Überblick behält, ist klar im Vorteil. Die nachfolgende Auflistung möchte Ihnen einen Eindruck verschaffen von empfehlenswerten Angeboten, die sich für Kinder und Jugendliche eignen. Die Beschreibung und Recherche dieser Hinweise beziehen sich auf das Jahr 2009. Da das Internet einem schnellen Wandel unterworfen ist, erfolgen die Angaben unter Vorbehalt und unter Ausschluss jeglicher Haftung. Sie dienen lediglich Ihrer Orientierung. Autor und Verlag übernehmen keine Haftung für die inhaltliche Richtigkeit sowie für die Vollständigkeit der Hinweise.

Kinder- und Jugendportale

- www.fragfinn.de
  Sicherer Surfraum für Kinder, in dem sie surfen, chatten und spielen können.

- www.netzcheckers.de

- www.pomki.de

- www.seitenstark.de

Suchmaschinen für Kinder und Jugendliche

- www.blinde-kuh.de
  Suchergebnisse werden sortiert und kommentiert ausgegeben. Für Kinder bis zwölf Jahren geeignet; von älteren Kindern und Jugendlichen wird das Angebot in der Regel als »uncool« angesehen.
  Tipp: Setzen Sie sich mit älteren Kindern zusammen und »googlen« Sie gemeinsam!

- www.fragfinn.de

- www.helles-koepfchen.de

- www.multikids.de

Chaträume für Kinder und Jugendliche

- www.cyberzwerge.de

- www.diddl.de
  Angebot für Kinder ab 13 Jahren. Sogar eine eigene Homepage lässt sich über dieses Internetangebot erstellen.

- www.kindercampus.de

- www.kindernetz.de

- www.seitenstark.de

- www.tivi.de
  Das Angebot des Zweiten Deutschen Fernsehens.

- www.toggo.de
  Chatraum und Plattform für Kinder vom Fernsehsender Super RTL.

E-Mail-Provider für Kinder und Jugendliche

- www.mail4kidz.de

Communitys/Soziale Netzwerke für Kinder und Jugendliche

- www.schueler.cc
  Soziales Netzwerk, das von Schülern und Studenten gegründet wurde.

- www.schuelercommunity.de
  Kostenloses Schülernetzwerk.

Beratung und Information

- www.geolino.de

- www.schulpsychologie.de
  Kostenfreie Beratungen für Schüler durch ausgebildete Psychologen.

- www.internet-beschwerdestelle.de
  Auf dieser Plattform des Verbands der deutschen Internetwirtschaft und der Freiwilligen Selbstkontrolle Multimedia-Dienstanbieter können Sie sich über Vorfälle egal welchen Inhalts oder Ausmaßes beschweren, die Ihr Kind oder Sie selbst im Internet erlebten.

- www.juniorbotschafter.de
  Hier können sich alle Kinder und Jugendlichen anmelden, die die Organisation UNICEF und die Rechte der Kinder weltweit unterstützen möchten und Juniorbotschafter werden wollen.

- www.kidsweb.de
  Ideen zum Spielen, Basteln und Mitmachen.

- www.kinderbuchforum.de
  Hier dreht sich alles um das geschriebene Wort.

- www.kindernetz.de

- www.kindersache.de
  Mitmachportal für Kinder mit zahlreichen Beteiligungsangeboten, wie beispielsweise die Übernahme der Chatmoderation.

- www.kinderundjugendtelefon.de
  Die Anlaufstelle für Kinder, Jugendliche und deren Eltern für alle Belange rund ums Erwachsenwerden. Das Portal bietet auch eine Hilfestellung für (Cyber-)Mobbingopfer.

- www.klick-tipps.net
  Auf dieser Plattform der Stiftung Medienkompetenz Forum Südwest und der Initiative Jugendschutz.net finden Sie eine Liste geprüfter Links zu verschiedenen Themen, die für Kinder und Jugendliche geeignet sind.

- www.physikfuerkids.de

- www.wasistwas.de
  Kindgerecht aufbereitete Informationen hauptsächlich zu naturwissenschaftlichen Themen.

Level 2

»Mum, ich brauch ein neues Handy«

»Für'n Handy würde ich meine Seele verkaufen.« Diese Aussage einer Schülerin trifft den Nagel auf den Kopf. Nicht viel ist für Kinder und Jugendliche derzeit so wichtig, wie ein eigenes Handy zu besitzen. Sicherlich wird es auch zum Telefonieren gebraucht (was Mama und Papa beruhigt und sie in der Regel dazu hinreißen lässt, dem Wunsch des Sprösslings tatsächlich nachzukommen). Kinder denken allerdings nicht in erster Linie (und auch nicht in zweiter, dritter oder vierter Linie) an diesen viel gepriesenen Sicherheitsaspekt, in einer Notlage schnell Hilfe herbeitelefonieren zu können. Ihnen sind andere Dinge wichtiger. Immerhin kommt das Telefonieren aber bereits an zweiter Stelle; häufiger genutzt wird nur die SMS-Funktion.

Für Kinder und Jugendliche bedeutet das Handy also weit mehr als nur ein Gerät zum Telefonieren. Es ist zu einem vollständigen Begleiter geworden, mit dem sich nicht nur kommunizieren lässt, sondern beinahe alles erledigt werden kann, was in einem Schülerleben anfällt. Darüber hinaus zählt es seit Langem als regelrechtes Statussymbol – wer kein angesagtes Modell sein Eigen nennt, gehört nicht dazu.

Nahezu alle Schüler an weiterführenden Schulen verfügen mittlerweile über ein eigenes Handy, und sogar ein Großteil der Grundschüler ist bereits mit einem solchen Gerät versorgt. Sicher überlegen auch Sie, ob Sie Ihrem Kind ein Handy anschaffen sollen – wenn nicht längst geschehen. Der Anschaffungspreis ist relativ niedrig, insbesondere wenn ein Vertrag abgeschlossen wird. Und auch die Minutenpreise befinden sich seit Jahren im Sinkflug. Dennoch sollte eine Anschaffung über die finanzielle Überlegung hinaus wohlüberlegt sein, denn auch Mobiltelefone bringen eine Reihe von Gefahren mit sich, die beachtet werden sollten.

In diesem Kapitel erfahren Sie mehr darüber und lernen, wie Sie die Vorteile eines Handys für Ihr Kind nutzbar machen können.

Stufe 1
Was Kindern und Eltern mobile Telefone bedeuten

Sie als Eltern mag es beruhigen, wenn Sie wissen, dass Ihr Kind Sie stets erreichen kann, wenn es ohne Sie unterwegs ist. Sie haben Ihrem Kind gezeigt, wie es mithilfe seines Handys Hilfe holen kann, wenn es in eine Notfallsituation geraten ist, und Sie haben die wichtigsten Nummern (Ihre Festnetznummer, Ihre Mobilnummer, die Nummer einer oder mehrerer weiterer Bezugspersonen, Notrufnummern) gespeichert. Sie haben Ihrem Kind gesagt, dass es Ihnen Bescheid geben soll, wenn es sich verspätet oder wenn es eine oder mehrere Stunden früher nach Hause kommt. Jetzt gibt es keine Ausrede mehr, dass Ihr Kind Sie nicht anrufen konnte, weil es kein Kleingeld hatte.

Ihrem Kind ist dieser Sicherheitsaspekt zwar bekannt, er ist aber mit Sicherheit nicht der ausschlaggebende Punkt für den Anschaffungswunsch. Kinder und Jugendliche sehen im Handy vielmehr einen Beziehungs- und Zugehörigkeitsaspekt. Mit ihm lassen sich, vor allem in der Pubertät, bestimmte Eigenschaften zur eigenen Identitätsgestaltung nach außen demonstrieren. Verabredungen werden über Kurzmitteilungen getroffen, häufig ohne lange Vorlaufzeit, von unterwegs.

Kinder und Jugendliche nutzen das Handy zunehmend für ihre Unterhaltung. Wenn wir früher mit einem Walkman oder einem tragbaren CD-Player unterwegs waren, übernimmt diese Dienste heute beinahe jedes aktuelle Handy. Die bereits serienmäßig integrierten Spiele lassen sich durch zahlreiche weitere Handyspiele ergänzen, die im Internet heruntergeladen werden können.

Handys sind mittlerweile kleine Computer, die alles das können, was ihre »großen Brüder« auch machen. Während die Business-Funktionen wie Kalender und Textverarbeitung hauptsächlich von Erwachsenen genutzt werden, gehen die Heranwachsenden mit ihrem Handy zunehmend auch ins Internet. Dank der schnellen Datenübertragung mittels UMTS und GPRS geschieht dies unabhängig davon, wo sie sich gerade befinden.

Die eingebaute Kamera ersetzt den Fotoapparat und den Camcorder. Mittlerweile lassen sich mit der neuen Handygeneration Fotos und kurze Videosequenzen von akzeptabler Qualität aufnehmen. Dies wird von Jugendlichen gerne und häufig genutzt, um sich selbst und ihre Unternehmungen festzuhalten.

Außerdem stellt das Handy eine ideale Möglichkeit dar, die Verbindung zum Freundeskreis nahezu rund um die Uhr und von jedem beliebigen Ort aufrechtzuerhalten. Verabredungen werden nicht mehr langfristig geplant, sondern können spontan von unterwegs organisiert werden. Wer kein Handy besitzt, kann nicht teilnehmen und wird so bewusst oder unbewusst ausgeschlossen.

Durch die Möglichkeit, sein Handy durch Klingeltöne, Bildschirmdarstellungen und weitere »Gimmicks« nach Lust und Geldbeutel individuell zu gestalten, wird das Gerät zunehmend nicht nur zu einem Statussymbol, sondern auch zu einem Gegenstand, mit dem Kinder, Jugendliche und wohl auch mancher Erwachsener ihre persönliche Identität ausdrücken.

> **Wenn Ihr Kind Ihnen nicht mehr vom Rockzipfel weicht und Ihnen seit Wochen in den Ohren liegt, dass es doch endlich auch ein eigenes Handy haben muss, weil die Anna und der Peter doch schon so lange eines haben, suchen Sie in Ruhe das Gespräch mit ihm. Besprechen Sie mit ihm die Gründe, warum ein Mobiltelefon seiner Ansicht nach erforderlich erscheint (dass die Mitschülerinnen und Mitschüler ebenfalls eines besitzen, sollte dabei nicht das ausschlaggebende Motiv sein!). Finden Sie in diesem Gespräch heraus, welche Vorerfahrungen bezüglich der Handynutzung Ihr Kind hat. Kennt es bereits einige Funktionen? Weiß es über die Gebühren Bescheid?**

Regeln Sie auch gemeinsam die Finanzierung: Wird das Gerät vom Taschengeld bezahlt oder finanzieren Sie es? Wie sieht es mit den laufenden Kosten aus? Was passiert, wenn das Handy verloren geht oder gestohlen wird?

Klären Sie Ihr Kind darüber hinaus über die möglichen Gefahren auf, die ein Mobiltelefon birgt, und zeigen Sie ihm alternative Handlungsmöglichkeiten auf. Diese können Sie den entsprechenden Abschnitten in diesem Kapitel entnehmen.

Bedenken Sie bei Ihrer Entscheidung auch, dass der Besitz eines Mobiltelefons nicht nur Sicherheit verschafft (weil Ihr Kind Sie ständig und von nahezu jedem Ort aus anrufen kann, wenn Not am Mann ist), sondern Ihrem Kind auch ein Stück Selbstständigkeit und Eigenverantwortung gibt und ihm signalisiert, dass Sie Vertrauen in es haben.

Stufe 2

Darf's ein bisschen mehr sein? Welche Ausstattung sinnvoll ist

Das Handy von heute ist ein wahres Multitalent, voll bepackt mit allerlei interessanten und manchmal auch fragwürdigen Funktionen. Nicht alle davon sind wirklich sinnvoll, einige sehr kostspielig (zum Beispiel diejenige, mit dem Handy per UMTS ins Internet zu gehen) und nur eine wirklich notwendig, nämlich die des Telefonierens. Viele Mobiltelefone entsprechen in puncto Funktionsumfang inzwischen normalen PCs, lediglich in Komfort (durch zu kleine Tastatur und winzigem Bildschirm), Prozessorleistung sowie Speicherkapazität haben große Computer noch deutlich die Nase vorn.

Setzen Sie sich vor dem Kauf eines Handys mit Ihrem Kind zusammen und besprechen Sie, was Ihr Kind vornehmlich mit diesem Gerät machen möchte. Soll tatsächlich nur telefoniert werden oder sollen auch Fotos oder Videos aufgenommen werden können?

Mittlerweile besitzen auch die meisten günstigen Geräte eine Kamera, mit der Schnappschüsse aufgenommen werden können. Möchte man jedoch eine einigermaßen akzeptable Qualität der Bilder (zum Beispiel als Ersatz eines Fotoapparates, um die schönsten Bilder auch auszudrucken), muss man zumeist etwas tiefer in die Tasche greifen.

Vor allem bei jüngeren Kindern sollte das »Einstiegshandy« nicht mit allzu vielen Funktionen ausgestattet sein, da dies den unerfahrenen Nutzer zu sehr verwirren könnte. Hier genügt zunächst ein einfaches Modell mit einer einfachen Menüführung, aus der im Notfall schnell wichtige Rufnummern abrufbar sind.

Seit geraumer Zeit sind speziell für Kinder entwickelte Handys auf dem Markt, die bunt daherkommen und funktional in der Regel eingeschränkt sind. So kann häufig nur eine bestimmte Anzahl an Rufnummern gewählt werden und ein Austausch von Dateien wie Fotos oder Videos über eine Bluetooth-Schnittstelle ist ebenfalls meist nicht möglich. Zwar stellt dies eine erhöhte Sicherheit dar, da einige der in Abschnitt »Stufe 4: Nur keinen Schaden anrichten – Risiko Handynutzung« vorgestellten Gefahren von vornherein ausgeschaltet sind, aber solche Kinderhandys werden von den Heranwachsenden in den meisten Fällen als »Babykram« abgetan und verschmäht. Dies liegt nicht zuletzt daran, dass das Handy eben weit mehr ist als ein Telefon, nämlich als Statussymbol gesehen wird, und eine Kinderversion alles andere als »cool« ist.

Überprüfen Sie die Funktionen des ins Auge gefassten Handys und besprechen Sie gemeinsam mit Ihrem Kind, welche wirklich notwendig sind.

Wenn die Kinder älter werden, kommt häufig zu der funktionalen Gestaltung des Handys der optische Eindruck hinzu, der ebenfalls oder sogar vornehmlich zum Kaufargument wird. Angesehen in der Clique ist vor allem der, der das derzeit angesagte Handymodell besitzt. In letzter Zeit ist in diesem Zusammenhang der Trend erkennbar, dass Mobiltelefone stylish »aufgemotzt« werden. So gibt es Unternehmen, die auffallend bunt bedruckte Folien anbieten, die auf das Cover des Handys geklebt werden und das Gerät auf diese Weise individueller gestalten lassen. Hinzu kommen persönliche Hintergrundbilder (»Wallpaper« und Logos), die über diverse Anbieter im Netz zumeist kostenpflichtig heruntergeladen werden können. Und natürlich der aktuelle Klingelton, mit dem sich das Telefon bei jedem eingehenden Anruf und bei jeder eingehenden SMS bemerkbar macht.

Allein mit derartigen »Gimmicks« wie Klingeltönen und Handygames wird jährlich mehr als eine halbe Milliarde Euro umgesetzt.

Überlegen Sie, ob Sie einen Vertrag mit einem Anbieter abschließen möchten oder lieber über eine Prepaidkarte telefonieren lassen wollen. Erstgenannte Variante bietet in der Regel etwas günstigere Tarife für das Telefonieren sowie für das Versenden von Kurzmitteilungen. Außerdem ist das Handy niemals mangels Guthaben gesperrt, da die geführten Gespräche und in Anspruch genommenen Dienste erst am Ende des Monats abgerechnet und von einem Bankkonto abgebucht werden.

In diesem Vorteil liegt aber auch der entscheidende Nachteil der sogenannten Postpaid-Verträge. Man ist in der Regel für mindestens zwei Jahre an einen Anbieter gebunden, vor allem fehlt bei Handyverträgen aber die Möglichkeit einer Kostenkontrolle. Man erfährt erst über das Telefonverhalten und die Kosten der jeweiligen Gespräche, wenn das Kind sprichwörtlich in den Brunnen gefallen ist. Wird beispielsweise unbemerkt der Zugang zum Internet aktiviert, kann die Rechnung am Ende des Monats böse aussehen. Bei einer Prepaidkarte kann dies nicht passieren, da die Verbindung getrennt wird, sobald die Karte leer telefoniert ist.

Für Ihr Kind ratsamer, da sicherer, ist also ein Handy, für das Sie keinen Vertrag abschließen müssen und das Sie nur über ein monatliches, zuvor mit dem Kind vereinbartes Guthaben aufladen, das dann abtelefoniert werden kann. Weisen Sie Ihr Kind bereits im Vorfeld darauf hin, dass es sich das Guthaben einteilt, und lehnen Sie eine weitere Aufbuchung innerhalb eines Monats ab.

Einige Netzbetreiber bieten auch für die Prepaid-Variante die Möglichkeit, dass eine zuvor festgelegte Nummer (zum Beispiel die Festnetznummer der Eltern) auch dann noch vom Handy des Kindes angerufen werden kann, wenn das Guthaben bereits verbraucht ist.

Sollten Sie sich dennoch für einen Vertrag entscheiden, müssen Sie ihn für Ihr Kind unterschreiben und mit Ihrer Unterschrift gleichzeitig die Haftung für die Einhaltung des Vertrages übernehmen. Damit werden Sie Vertragspartner des Mobilfunkunternehmens, auch wenn das Gerät ausschließlich von Ihrem Kind genutzt wird.

Die meisten Mobilfunkbetreiber bieten kostengünstigere Tarife für netzinterne Anrufe an. Um Kosten zu sparen, wählen Sie daher am besten das Netz, das auch die meisten Freundinnen und Freunde bzw. potenziellen Gesprächspartner Ihres Kindes nutzen.

Vergleichen Sie nach Möglichkeit auch die aktuellen Tarife verschiedener Anbieter – diese unterscheiden sich zum Teil drastisch! Da es in Deutschland, Österreich und der Schweiz zahlreiche Mobilfunkbetreiber gibt, die alle ein unterschiedliches Tarifsystem ausgeklügelt haben, ist dies leider aber gar nicht so einfach. In diesem Tarifdschungel ist es beinahe unmöglich, einen Überblick über das gesamte Angebot zu bekommen. Da sich die Tarife auch noch in der Taktung und in den Uhrzeiten unterscheiden, ist ein direkter Vergleich nahezu ausgeschlossen.

Verschaffen Sie sich dennoch vor Vertragsabschluss bzw. der Wahl des geeigneten Prepaidbetreibers zumindest einen groben Überblick und berücksichtigen Sie nach Möglichkeit das vermutete Telefonverhalten Ihres Kindes (mit wem telefoniert es wann und wie lange?).

Die nachfolgende Übersicht hilft Ihnen bei der Wahl zwischen Prepaidkarte und Postpaidvertrag:

	Postpaidvertrag	Prepaidkarte
VORTEILE	In der Regel günstigere Gesprächstarife Kein Aufladen der Karte nötig Handy stets gesprächsbereit	Volle Kostenkontrolle (wenn die Karte abtelefoniert ist, können keine Gespräche mehr geführt werden) Keine monatlichen Grundgebühren
NACHTEILE	In der Regel monatliche Grundgebühren In der Regel lange Vertragslaufzeit und dementsprechend lange Bindung an einen Anbieter (meist 24 Monate)	Wenn die Karte leer ist, kann mit dem Handy nicht mehr telefoniert werden In der Regel höhere Tarife

»Welche Kosten muss ich einplanen?«

Egal, ob Sie sich für die Prepaid-Variante oder einen Laufzeitvertrag entscheiden: Durch die Handynutzung entstehen natürlich Kosten, die vom Nutzungsverhalten Ihres Kindes abhängen. Für die meisten Kinder bis zwölf Jahre sollten fünf bis zehn Euro pro Monat ausreichen. Ältere Kinder telefonieren und »simsen« in der Regel häufiger und kommen auf zehn bis 15 Euro im Monat. Für Jugendliche sollten 20 Euro im Monat ausreichen. Viele von ihnen haben allerdings aufgrund von Downloads wie etwa Klingeltönen sowie dem Versenden von Kurzmitteilungen überdurchschnittlich hohe Ausgaben.

Besprechen Sie daher zuvor mit Ihrem Kind die Ausgaben und wer sie begleichen muss. Eine Möglichkeit besteht darin, dass Sie einen gewissen Satz im Monat tragen (etwa gemäß oben aufgeführter Regelsätze); alle darüber hinaus gehenden Kosten muss Ihr Kind dann von seinem Taschengeld bezahlen.

⚠ **Reden Sie mit Ihrem Kind über die sinnvolle Nutzung des Handys und seiner Funktionen. Greifen Sie in diesem Zusammenhang aktuelle Problembereiche auf und verdeutlichen Sie Strafbestände (zum Beispiel bei Verletzung des Urheberrechts) sowie daraus resultierende, mögliche Konsequenzen.**

Stufe 3
Kreative Nutzungsmöglichkeiten von Handys

Die permanente Weiterentwicklung der Neuen Medien ist dafür verantwortlich, dass die einzelnen Bestandteile zunehmend verschmelzen. In dieser Tatsache steckt ein unvorstellbares Potenzial, das kompetent genutzt werden will.

So vereinbart das Internetangebot Twitter beispielsweise die Medien Internet und Handy miteinander, sodass jeder registrierte Nutzer von jedem beliebigen Ort Kurznachrichten auf eine Internetseite senden kann, sodass sie dort von beliebig vielen Adressaten gleichzeitig gelesen werden können. So geschehen beispielsweise bei der Flugzeugnotlandung im Hudson River 2009, als die Meldung über dieses Ereignis innerhalb kürzester Zeit per Twitter von Augenzeugen veröffentlicht wurde und das Portal damit aktueller war als jede Nachrichtenagentur.

Diese Möglichkeit lässt sich natürlich nicht nur bei Katastrophen einsetzen. Es können auch Freunde und Bekannte stets, schnell und einfach über den aktuellen Aufenthaltsort und die Erlebnisse des Handybesitzers informiert werden.

Eine weitere kreative Nutzungsmöglichkeit des Handys besteht darin, mithilfe der eingebauten Kamera kleine Videosequenzen zu drehen, beispielsweise über eine Freizeitaktivität oder den Urlaubsort. Diese Videosequenz kann mit dem Computer bearbeitet und gegebenenfalls nachvertont und an Freunde und Bekannte weitergeleitet werden.

Heute sind eben nicht mehr eine schwere Videokamera und ein Fotoapparat vonnöten, um seine Erinnerungen festzuhalten und anderen mitzuteilen. Ein kleines, leichtes Mobiltelefon, das sowieso zum stetigen Begleiter geworden ist, reicht völlig aus. Zwar ist die Qualität des Ergebnisses (noch) nicht vergleichbar mit einer »echten« Videokamera oder einem guten Fotoapparat, aber dafür ermöglicht das Handy eben einen spontanen Einsatz und viele lustige oder festzuhaltende Schnappschüsse.

Beteiligen sich weitere Freundinnen und Freunde mit ihren Handys, lässt sich beispielsweise gemeinsam ein »Überraschungsfilm« drehen, dessen Handlung oder gar Ausgang niemandem bekannt ist. Jeder dreht dabei zum Beispiel in einer Kleingruppe eine Sequenz, die dann an die nächste Gruppe per Bluetooth oder über das Internet geschickt wird, die wiederum eine weitere, passende Sequenz daran anschließt. Beide Sequenzen werden dann an die dritte Gruppe geleitet, die das Material ebenfalls um eine weitere Szene ergänzt usw. Der gesamte Film wird schließlich allen Beteiligten dann vorgeführt, was nicht selten zu großen Überraschungen führt ...

Eine Alternative besteht in einer modernen Variante des Spiels »Stille Post«. Eine selbst gespielte und aufgenommene Szene wird an die nächste Kleingruppe geschickt, die diese Szene möglichst identisch nachspielen muss. Mal sehen, was am Ende dabei herauskommt ...!

Fotos können auch über den Computer ausgedruckt werden. Daraus kann beispielsweise eine Fotostory oder eine Collage erstellt werden. Über den Computer können Fotos auch ganz einfach und komfortabel mit nur einem Klick zu einer Diashow zusammengetragen werden.

Mithilfe der Sprachaufnahmefunktion, die wie ein Diktiergerät funktioniert und in den meisten Handys eingebaut ist, lassen sich spontan Unterhaltungen mit interessanten Menschen mitschneiden oder ganze Interviews aufzeichnen.

Anstatt teure Handylogos und Klingeltöne aus dem Netz herunterzuladen, lassen sich diese mithilfe des Handys und einer geeigneten Software (im Fachhandel erhältlich) auf kreative Weise ganz leicht selbst erstellen. Auf diese Weise wird das Handy tatsächlich zu einem völlig individuellen Objekt.

Warum sollte das Handy nicht auch zum Lernen genutzt werden? Mithilfe der SMS-Funktion lassen sich kurz und knapp die essenziellen Unterrichtsinhalte zusammenfassen. Wer das auf 160 Zeichen schafft, hat sich nicht nur mit der Materie beschäftigt, sondern diese auch verstanden! Auch Vokabeln können auf diese Weise, beispielsweise auf dem Heimweg, gelernt werden.

Wird die Kamera eingesetzt, lassen sich Lernkarteien abfotografieren und diese dann überall abrufen. Auf diese Weise lässt sich an jedem beliebigen Ort für eine Klassenarbeit lernen, ohne die Lernkartei dabeihaben zu müssen.

Vereinbaren Sie trotz der kreativen Nutzungsmöglichkeiten klare Regeln und Absprachen bezüglich der Nutzung des Handys. Besprechen Sie mit Ihrem Kind in diesem Zusammenhang auch Sanktionen bei Verstößen und halten Sie diese unbedingt ein.

Lassen Sie Ihr Kind ein Handy-Tagebuch führen, um es für das eigene Telefonverhalten zu sensibilisieren. So hat es sein Guthaben stets im Blick und ist nicht bereits nach kurzer Zeit überrascht, dass es nicht mehr telefonieren kann. In dieses Tagebuch sollten alle kostenpflichtigen Aktivitäten eingetragen werden, die mit dem Handy ausgeführt werden, also das Versenden von SMS, das Versenden von MMS (also Bilddateien oder Ähnliches), das Herunterladen von Klingeltönen, die Teilnahme an kostenpflichtigen SMS-Chats und natürlich das Telefonieren. Stellen Sie Ihrem Kind hierzu eine aktuelle Preisliste Ihres Netzbetreibers zur Verfügung (wurde Ihnen beim Kauf der Prepaidkarte bzw. bei Vertragsabschluss ausgehändigt oder lässt sich auf der Homepage Ihres Netzbetreibers nachlesen).

Ein Beispiel:

Datum, Uhrzeit der Handynutzung	**Dauer/ Anzahl**	**Kosten**	**Grund der Nutzung**	**War die Nutzung des Handys notwendig?**
21.03.2010 14.30–15 Uhr	*30 Minuten*	*2,70 €*	*Telefonat mit Sarah*	*Nein, hätte sie auch über Festnetz anrufen können*
21.03.2010 15.15 Uhr	*1 SMS*	*0,09 €*	*Sebastian gefragt, wie er Anna findet*	*Ja!!!*

Als zusätzlichen Anreiz können Sie Ihrem Kind anbieten, das ersparte, das heißt in einem Monat nicht ausgegebene Guthaben für eine andere, gegebenenfalls gemeinsame Aktivität auszugeben, zum Beispiel einen Kinofilm ansehen, Eis essen gehen oder ein Zoobesuch mit der ganzen Familie.

Lassen Sie sich von Ihrem Kind zeigen, wofür es sein Handy einsetzt, welche Funktionen ihm wichtig sind und welche Daten gespeichert wurden. Geben Sie ihm dabei aber nicht das Gefühl, es kontrollieren zu wollen, sondern signalisieren Sie echtes Interesse und Gesprächsbereitschaft. Sicher kann Ihr Kind Ihnen einige Dinge an seinem Mobiltelefon erklären, die Sie selbst noch nicht wussten.

Es gibt mittlerweile eine Reihe von Anbietern, die Ihnen die Möglichkeit geben, den aktuellen Aufenthaltsort Ihres Kindes aufzuspüren, indem die jeweilige Position des Handys geortet wird – vorausgesetzt natürlich, das Telefon ist eingeschaltet. Diese Möglichkeit hat nichts mit »Hinterherspionieren« zu tun, sondern kann vielmehr hilfreich sein, wenn Sie überprüfen möchten, ob Ihr Kind sicher unterwegs ist.

Nicht unbedingt kreativ, aber dafür umso nützlicher ist das Speichern einer sogenannten ICE-Nummer. Diese hat weniger mit einem schnellen Zug zu tun als vielmehr mit einer wichtigen Telefonnummer, die im Notfall alarmiert werden soll. ICE bezeichnet dabei die weltweit einheitliche Abkürzung für »In Case of Emergency« und weist beispielsweise die Polizei am Unfallort auf die Person hin, die über das Schicksal des Handybesitzers informiert werden soll. Abgelegt werden diese Nummern wie gewöhnlich im Adressbuch des Telefons, allerdings wird dem Namen das genannte Kürzel ICE vorangestellt, also etwa »ICE Müller, Bärbel«.

Tragen Sie durchaus zwei bis drei ICE-Nummern ein, sodass eine Information stets gewährleistet ist, auch wenn die erste Bezugsperson zurzeit nicht erreichbar sein sollte. Nummerieren Sie die ICE-Nummern entsprechend der Reihenfolge, in der die Kontaktpersonen verständigt werden sollen, also ICE 1 für die erste Kontaktperson, ICE 2 für die zweite usw.

Stufe 4
Nur keinen Schaden anrichten – Risiko Handynutzung

Sage und schreibe 14 500 Kurzmitteilungen (SMS) hat laut *Spiegel online* ein Mädchen in den USA in einem einzigen Monat verschickt, ganz zum Entsetzen der Eltern, die die Zeche nun bezahlen dürfen. Solche Kosten lassen sich mit einem einfachen Rezept vermeiden: Schaffen Sie Ihrem Kind eine Prepaidkarte an, deren Guthaben Ihr Kind dann abtelefonieren kann. Ist das Guthaben verbraucht, sind keine kostenpflichtigen Dienste mehr möglich, bevor das Guthaben nicht wieder aufgeladen wird. Der Notruf hingegen funktioniert in der Regel weiterhin. Seit 2009 muss in Deutschland allerdings hierzu eine funktionsfähige SIM-Karte eingelegt sein, um Missbrauch weitestgehend auszuschließen.

Vermeiden Sie nach Möglichkeit, einen Vertrag für Ihr Kind abzuschließen, da Sie dadurch wie in obigem Eingangsbeispiel die Kostenkontrolle verlieren. Außerdem spricht derzeit nicht mehr allzu viel für eine solche zeitliche Bindung an einen Netzbetreiber, da die Kosten der Gespräche und Kurzmitteilungen bei vielen Prepaid-Anbietern vergleichsweise günstig geworden sind. Auch die großen Lebensmitteldiscounter bieten attraktive Angebote – ein Vergleich lohnt sich in jedem Fall!

Die bereits erwähnte Verschmelzung zwischen Internet und Mobiltelefon, »Twitter«, stellt ebenfalls ein neues Problem des heutigen Informationszeitalters dar, nämlich das der Glaubwürdigkeit von Informationen und Nachrichten. Gezielt lassen sich auch hier bewusst und gezielt Bilder und Texte manipulieren und auf schnelle Weise sehr breit streuen, um beispielsweise Propaganda für die eigene Position zu betreiben. So gelangten während der Proteste und Demonstrationen im Iran zu Beginn des Jahres 2009 Bilder beinahe ausschließlich über dieses Medium an die Öffentlichkeit. Beobachter wollen aber in einigen dieser Bilder festgestellt haben, dass diese gar nicht aus diesem Konflikt stammen konnten.

Sprechen Sie mit Ihrem Kind über das aktuelle Tagesgeschehen und über Manipulationsmöglichkeiten von Texten, Bildern und auch bewegten Bildern. Erziehen Sie es zu einer kritischen Aufnahme von Informationen, indem beispielsweise nach Möglichkeit mehrere Quellen berücksichtigt werden, bevor etwas »für bare Münze« genommen wird.

Weitere Risiken in Bezug auf die Handynutzung stellen verdeckte Kosten und Abofallen dar, in die nicht nur Heranwachsende tappen können. Solche sind äußerst vielschichtig und reichen von vermeintlichen Dienstleistungen über Unterhaltungsangebote und Gewinnspiele bis hin zu betrügerischen Versprechungen. Besonders beliebt unter den Abonnements ist für Kinder und Jugendliche das Angebot von Klingeltönen. Die große Bedeutung dieses Unterhaltungsangebotes zeigt sich nicht nur darin, dass eine Reihe von großen Unternehmen davon gut leben kann, sondern auch, dass von Zeit zu Zeit besonders gefragte Klingeltöne den Weg in die Charts schaffen.

Auch hierin beweist sich wieder die Verschmelzung verschiedener Medien. Beworben werden solche Klingeltöne nämlich in der Regel über Internetseiten und Fernsehwerbung in Sendungen und auf Musiksendern, die von Kindern und Jugendlichen bevorzugt gesehen und gehört werden. Solche Töne sind entweder für das Handy adaptierte Lieder aus den internationalen Charts oder eigens als Klingelton produzierte Melodien, die – wie erwähnt – manchmal ihrerseits den Weg in die Charts finden.

Angesagt ist bei Kindern und Jugendlichen häufig der, der den neuesten und coolsten Klingelton auf seinem Handy hat. Auf manchem Schulhof finden regelrechte Tauschbörsen mit Klingeltönen statt. Auf diese Weise lädt so mancher mehrmals pro Woche einen neuen Klingelton aus dem Internet herunter.

Das Problem bei dem Angebot an Klingeltönen liegt vor allem darin, dass deren Herunterladen häufig an ein Abonnement geknüpft ist. Interessenten schließen mit dem Betreiber des entsprechenden Angebotes häufig unbewusst einen Vertrag ab, der mehrfach pro Woche automatisch einen weiteren Klingelton zustellt oder dem Nutzer die Rechte einräumt, solche selbsttätig herunterzuladen. Eine Rechnung erfolgt in jedem Fall – gleichgültig, ob das Abonnement tatsächlich genutzt wird oder nicht.

Vorsicht ist insbesondere bei vermeintlichen Gratisangeboten geboten. Eine Reihe von Internetseiten bietet das kostenfreie Senden von Kurzmitteilungen oder das Herunterladen von Klingeltönen, Bildern oder dergleichen an. Dafür müssen persönliche Angaben gemacht werden und die Kenntnisnahme der Allgemeinen Geschäftsbedingungen bestätigt werden. Diese, denen in der Regel keine Beachtung geschenkt wird, knüpfen die Gratisangebote nicht selten an ein Abonnement oder anderweitige Verpflichtungen, für die zum Teil exorbitante monatliche Kosten anfallen.

Erklären Sie Ihrem Kind, dass kein gewinnorientiertes Unternehmen kostenfrei Dienstleistungen oder Ähnliches anbieten kann. Entweder dienen die Angebote als Lockmittel, um neue Kunden zu gewinnen, oder sie haben den Hintergrund, persönliche Angaben vom Interessenten zu sammeln, die dann an Adressverlage verkauft werden. Leiten Sie Ihre Tochter bzw. Ihren Sohn

daher zu besonderer Wachsamkeit bei solchen vermeintlich kostenfreien Angeboten an. Weisen Sie Ihr Kind ferner darauf hin, keinen Vertrag abzuschließen, ohne zuvor das »Kleingedruckte«, das heißt die Allgemeinen Geschäftsbedingungen des Anbieters gelesen und mit Ihnen darüber gesprochen zu haben. Finden Sie darüber hinaus gemeinsam Informationen über den Artikel und die Versandbedingungen heraus. Häufig locken die Betreiber mit einer kostenlosen Mitgliedschaft, die bis 24 Uhr des Tages, an dem der Vertrag geschlossen wurde, gekündigt werden kann. Wird diese Frist auch nur um eine Minute überschritten, ist der Nutzer häufig an eine bis zu zweijährige Mitgliedschaft gebunden.

Achtung! Diese Strategie mancher Unternehmen ist rechtswidrig. Ist Ihr Kind oder sind Sie selbst auf eine solche Abofalle hereingefallen, zahlen Sie nicht, sondern setzen Sie sich mit der Verbraucherzentrale oder Ihrem Rechtsanwalt in Verbindung.

Sprechen Sie mit Ihrem Kind über Werbestrategien. Schauen Sie sich hierzu gemeinsam Werbung an und reden Sie darüber, wie sie auf Sie wirkt und mit welchen Mitteln versucht wird, Sie vom Kauf eines Produktes zu überzeugen. Weisen Sie Ihr Kind bewusst und gezielt auf die erwähnten Abofallen hin. Schauen Sie sich gemeinsam an, wo Werbung anfängt und wo Inhalte aufhören. Thematisieren Sie auch aktuelle Betrugsfälle, die in den Printmedien und in Verbrauchermagazinen im Fernsehen regelmäßig veröffentlicht werden.

Ist es zu einem Vertragsabschluss gekommen, legen Sie gegebenenfalls unverzüglich Widerspruch dagegen ein. Hierfür haben Sie exakt zwei Wochen nach Vertragsabschluss Zeit. Sie sind dabei nicht dazu verpflichtet, eine Begründung für Ihren Widerspruch anzugeben.

Doch selbst wenn kein Abonnement abgeschlossen wurde, können Klingeltöne ganz schön ins Geld gehen. Nicht selten werden für das Herunterladen eines einzigen Stückes mehrere Euro fällig, die direkt vom Guthaben der Handykarte abgebucht oder auf der Handyrechnung am Ende des Monats enthalten sind.

Die oben genannten Risiken bzw. Kostenfallen gelten übrigens nicht nur für Klingeltöne, sondern auch für die übrigen Angebote, wie Handylogos, Spiele und softwarebasierte Funktionserweiterungen des Handys.

Klingeltöne und Logos lassen sich mit der geeigneten Software (günstig im Fachhandel zu erwerben) ganz einfach selbst erstellen. Diese sind dann nicht nur garantiert einzigartig und individuell, sondern vor allem entstehen keine weiteren Kosten für das Herunterladen solcher Dateien.

Eine weitere Gefahr bzw. Kostenfalle im Zusammenhang mit der Handynutzung besteht in der Reaktion auf SPAM-SMS. Ähnlich wie SPAM-Mails werden in zunehmendem Maße auch Werbe-Kurzmitteilungen an Handybesitzer geschickt. Einige dieser Nachrichten bieten Klingeltöne, pornografische Darstellungen oder andere Dinge zum Kauf an, andere stellen jedoch die eigentliche Gefahr dar: Sie gaukeln vor, dass ihr Absender ein ernsthaftes Interesse daran hat, den Nummerninhaber, also gegebenenfalls Ihr Kind, kennenzulernen, und ihn dazu auffordert, zu antworten oder zurückzurufen. Hierbei handelt es sich meist entweder um eine teure Premiumdienstnummer oder um einen Anschluss im Ausland. In beiden Fällen entstehen dem Anrufer sehr hohe Kosten.

Eine Variante dieser Abzocke besteht darin, dass das Handy nur einmal klingelt – eben genau so lange, dass der Anruf in der Regel nicht entgegengenommen werden kann. Der auf diese Weise neugierig gewordene Angerufene betätigt dann die Rückruftaste, woraufhin ebenfalls eine teure Premiumdienstnummer oder ein Anschluss im fernen Ausland angerufen wird. Sie erkennen solche Nummern an einer Doppelnull (zum Beispiel

00123456789, das heißt der Absender befindet sich im Ausland) oder an der 018x bzw. 0900, was auf einen Premiumdienst hinweist.

Erklären Sie Ihrem Kind, dass es bei Kurzmitteilungen von ihm unbekannten Absendern besondere Vorsicht walten lassen und sich vor einer Antwort die Rückrufnummer des Absenders anschauen soll. Im Zweifelsfall sollten Sie hinzugezogen werden.

Überprüfen Sie überhöhte Rechnungen und legen Sie Widerspruch ein, falls eine oder mehrere Abbuchungen widerrechtlich erfolgt sind.

Zehn von 100 Kindern und Jugendlichen haben bereits gewalttätige bzw. pornografische Inhalte auf ihren Handys empfangen. Filme und Bilder, die Schlägereien und sogar Hinrichtungen auf brutalste Weise darstellen, kursieren auf deutschen Schulhöfen und werden mittels der Bluetooth-Funktion (vgl. Seite 154) von Handy zu Handy kostenlos weitergegeben. Auch Personen, die solche Dateien gar nicht erhalten möchten, sind davon betroffen, wenn der Bluetooth-Empfang nicht zuvor gesperrt wurde.

Weisen Sie Ihr Kind darauf hin, dass die Bluetooth-Funktion stets ausgeschaltet sein sollte und nur dann eingeschaltet wird, wenn ein Datentransfer von Handy zu Handy tatsächlich beabsichtigt wird. Nach dem Empfang der gewünschten Datei sollte die Funktion wieder ausgeschaltet werden. Wie dies geschieht, lesen Sie im Handbuch des entsprechenden Mobiltelefons.

Über Bluetooth lassen sich nicht nur unerwünschte Bilder und Filme übertragen, sondern auch Viren und Trojaner, die den Handynutzer in ähnlicher Weise ausspähen, wie Computerviren dies auch tun. Moderne Mobiltelefone sind kleine Computer für die Hosentasche, mit denen beispielsweise Termine organisiert, Daten verwaltet und sogar Texte produziert werden können. Einige Handys, wie etwa die sogenannten PDAs, basieren sogar auf einer Windows-Oberfläche, sodass ähnlich wie bei den PCs Viren, Trojanern und anderen Schädlingen Tür und Tor geöffnet sind. Neben dem Ausspähen von Daten und der Blockierung mancher oder aller Funktionen können diese schädlichen Programme bei Handys unmittelbar auf die Telefonnummern des gespeicherten Adressbuches zugreifen oder Telefonate sogar mithören.

Aus diesem Grund ist es auch bei Handys von großer Bedeutung, sich vor solchen schadhaften Programmen zu schützen. Der beste Schutz ist natürlich, keine Dateien und Programme zu installieren, die ihren Ursprung im Internet haben oder von einer unbekannten Quelle stammen. Hierzu ist es auch ratsam, die Bluetooth-Funktion wie zuvor erwähnt auszuschalten, sodass keine ungewollten Dateien aufgespielt werden können. Darüber hinaus existiert eine Reihe von Anti-Viren-Software, die im Internet zum Teil kostenlos heruntergeladen und auf dem Mobiltelefon installiert werden kann und regelmäßig aktualisiert werden sollte.

Gehen Sie aktiv gegen problematische Inhalte (zum Beispiel bei Eingang einer SPAM-SMS) vor und informieren Sie unverzüglich Ihren Mobilfunkanbieter bzw. den Jugendschutzbeauftragten Ihrer Stadt bzw. Ihres Bundeslandes. Erstatten Sie gegebenenfalls Anzeige bei der Polizei gegen den Versender der Nachricht.

Sollten Sie Gewalt verherrlichende Videos oder pornografische Dateien auf dem Mobiltelefon Ihres Kindes entdecken, reagieren Sie nicht mit einem Handyverbot, da das Gerät ein wichtiges Kommunikationsmittel in seinem Alltag und für seinen Freundeskreis darstellt. Machen Sie Ihrem Kind vielmehr Ihren Standpunkt bezüglich solcher problematischer Inhalte klar und erklären Sie ihm, was Sie darüber denken. Klären Sie es auch über die gesetzlichen Bestimmungen auf. Bereits der Besitz und erst recht die Weitergabe von Gewaltvideos und Pornografie ist nach dem Jugendschutzgesetz verboten.

Sprechen Sie mit Ihrem Kind auch über die Inhalte der Dateien. Thematisieren Sie in diesem Zusammenhang die Menschenverachtung, die in diesen Dateien zum Ausdruck gebracht wird. Was empfinden die dargestellten Personen? Was würde Ihr Kind fühlen, wenn es selbst in ähnlicher Weise dargestellt wäre und von Handy zu Handy weitergegeben werden würde? Warum besitzt Ihr Kind solche Dateien? Was fasziniert es daran?

Regen Sie auch ein Gespräch über die Ursachen von Gewalt an. Denken Sie an die Vorbildfunktion, die Sie als Eltern haben. Hierzu zählt nicht nur Ihr gelebter Standpunkt bezüglich Gewalt und Pornografie, sondern auch Ihr persönliches Nutzungsverhalten Ihres Mobiltelefons. Wenn Sie selbst Gewaltfilme im Fernsehen anschauen, lässt es sich Ihrem Kind nur schwer vermitteln, dass das Gewaltvideo auf seinem Handy etwas Unrechtmäßiges darstellt.

Mobiltelefone und damit verbundene ständige Erreichbarkeit ermöglichen eine neue Form des Mobbings. Das schon erwähnte Cyber-Mobbing stellt eine subtile verbale Gewalt dar, mit der das Opfer über einen längeren Zeitraum belästigt wird. Dabei wird der Betroffene meist gezielt mit boshaften Kurzmitteilungen und regelrechtem Telefonterror konfrontiert.

Das Cyber-Bullying ist eine verschärfte Form dieses Mobbings, indem den permanent eintreffenden Botschaften ein aggressiver, gewalttätiger Aspekt hinzugefügt wird. Beispielsweise werden heimlich gedrehte Filme und Bilder an das Umfeld des Opfers gesendet, in denen es in erniedrigenden Handlungen gezeigt wird. Die Gründe für derartige Aktionen sind mannigfaltig. So können sie Rache sein für ein mutmaßlich unerwünschtes Verhalten des Mobbingopfers. Bedrohung und Erpressung stellen weitere Gründe für Cyber-Mobbing und Cyber-Bullying dar.

⚠ **Zeigen Sie Ihrem Kind, dass Sie jederzeit für seine Sorgen und Nöte ansprechbar sind. Haben Sie ein offenes Ohr, wenn sich Ihr Kind mit Fragen an Sie wendet oder vorsichtig andeutet, dass etwas in der Schule passiert ist. Nur so wird sich Ihr Kind auch vertrauensvoll an Sie wenden, wenn es Opfer von Cyber-Bullying geworden ist.**

Anzeichen diesbezüglich können beispielsweise Verhaltensänderungen Ihres Kindes oder sonstige Auffälligkeiten sein, die früher nicht existierten. Sollten Sie Derartiges beobachten, sprechen Sie Ihr Kind gezielt darauf an. Ein wichtiger Schritt, mit diesem Problem fertig zu werden, ist, dass mit jemandem darüber gesprochen werden kann.

Versuchen Sie, den Urheber der Mobbingattacken herauszubekommen, und nehmen Sie nach Möglichkeit Kontakt zu dessen Eltern auf. Ist dies nicht möglich oder führt dies zu keinem Erfolg (zum Beispiel weil diese nicht einsichtig sind), wenden Sie sich an die Klassenlehrerin oder den Klassenlehrer Ihres Kindes sowie des Urhebers. Bei extremen Bedrohungen scheuen Sie sich nicht, die Polizei zu kontaktieren. Um die Belästigung oder die Bedrohung gegebenenfalls beweisen zu können, sollten die Nachrichten nicht gelöscht, sondern vielmehr gespeichert werden.

Raten Sie Ihrem Kind, auf derartige Nachrichten nicht zu antworten, um dem Urheber nicht weiteren Aufwind zu verschaffen. Empfehlen Sie ihm, sich mit Klassenkameraden zusammenzuschließen und stets sorgfältig zu bedenken, an wen es seine Handynummer weitergibt.

Das aus Großbritannien herübergeschwappte neue Hobby mancher Schülerinnen und Schüler, »Happy Slapping«, repräsentiert einen Trend zu mehr Gewalt auf den Schulhöfen. Wie schon kurz erwähnt, zetteln Jugendliche hierbei eine Schlägerei an, filmen diese und stellen sie ins Netz, von wo sich diese Datei andere Schülerinnen und Schüler in der Regel auf ihr Handy herunterladen. Auf diese Weise entsteht auf den Schulhöfen ein regelrechter Tauschmarkt dieser Gewaltfilme mit realem Hintergrund. Besonders erschreckend ist die Tatsache, dass einer von drei jugendlichen Handybesitzern bereits persönlich miterlebt hat, wie eine Schlägerei gefilmt wurde.

Machen Sie Ihr Kind darauf aufmerksam, dass derartige Bilder und Filme in der Regel nicht nachgestellt wurden, sondern dass hier ein Mensch echtes Opfer einer realen Gewalttat geworden ist. Informieren Sie die Schule, wenn Ihr Kind eine solche Datei auf dem Schulhof erhalten hat.

So ist's recht

Jugendliche ab 14 Jahren sind bereits strafmündig und können für ein Fehlverhalten zur Verantwortung gezogen werden. Hierzu gehören Beleidigungen, Bedrohungen, Körperverletzung und ähnliche Delikte, aber auch die Verletzung des höchst persönlichen Lebensbereiches, zum Beispiel durch Bildaufnahmen einer Person ohne deren Erlaubnis und das Aufnehmen des nicht öffentlich gesprochenen Wortes. Wird also die Lehrerin in ihrem Unterricht mit einem Handy ohne ihr Wissen gefilmt und das Material dann weitergegeben (zum Beispiel über das Internet oder Bluetooth), stellt dies bereits eine Verletzung eben ihres Lebensbereiches dar. Dies gilt auch bei einer Verbreitung bzw. öffentlichen Zurschaustellung eines Bildes ohne Einwilligung des Abgebildeten.

Neben gefilmten Schlägereien kursiert eine Reihe weiterer jugendgefährdender Videos auf vielen Teenager-Handys. Diese reichen von Pornografie über Aufnahmen von Unfällen bis hin zu »Snuff-Videos«, in denen beispielsweise Enthauptungen und andere Hinrichtungen zu sehen sind, sowie Aufnahmen von Vergewaltigungen.

⚠ **Raten Sie Ihrem Kind, auf Kurzmitteilungen Unbekannter sowie auf beleidigende Nachrichten nicht zu antworten, sondern diese zu speichern und Ihnen zu zeigen. Bevor Sie gegebenenfalls weitere Schritte einleiten (zum Beispiel Information der Schule oder – vor allem bei konkreter Gewaltandrohung – Weitergabe an die Polizei), sollten Sie die konkreten Hintergründe des Vorfalls analysieren, indem Sie das Gespräch mit Ihrem Kind suchen. Ist es wirklich völlig unschuldig oder gingen der eingegangenen Botschaft ähnlich geartete Ihres Kindes voraus?**

War Ihre anfängliche Einschätzung richtig und ist Ihr Kind tatsächlich unschuldiges Opfer von Cyber-Bullying, löst einfühlsames Verhalten in Ihrem Kind bestimmte Gefühle aus (»Ich fühle mich von meiner Mutter beschützt und verstanden!«), die seine Kognition (»Ich kann mich immer an sie wenden«) und sein Verhalten (»Bei anderen Problemen werde ich wieder auf meine Mutter zählen können«) beeinflussen. Wenn Ihr Kind aber in Wirklichkeit entgegen Ihrer Annahme nicht das »Unschuldslamm« ist, hat Ihr Verhalten ebenfalls Auswirkungen auf die genannten drei Faktoren Emotion, Kognition und Verhalten: Es fühlt etwa, dass Sie es auch unberechtigt in Schutz nehmen. Es weiß, dass es Ihnen »alles verkaufen« kann und wird auch beim nächsten Konflikt das Gleiche probieren.

Reagieren Sie also nicht sofort gefühlsbetont, ohne Ihre Kenntnisse über die Situation zu vervollständigen. Wenn Sie Zweifel haben, zwingen Sie sich dazu, vor einer Reaktion eine Bedenkzeit einzuhalten, in der Sie die Verhaltensmuster Ihres Kindes durchspielen und sich in Ruhe eine angemessene Reaktion überlegen.

Problematisch wird die Angelegenheit Handy, wenn das Gerät verloren oder gestohlen wird. Ist es eingeschaltet oder wurde keine Passwortabfrage vergeben, kann der Finder bzw. Dieb nach Herzenslust auf Kosten des Geschädigten telefonieren. Außerdem ist meistens der Ersatz einer SIM-Karte, und manchmal sogar das Sperren, kostenpflichtig. Darüber hinaus gelangt der neue »Besitzer« des Gerätes an persönliche Daten, wie etwa Adressen, Telefonnummern oder Bilddateien des Geschädigten.

Sperren Sie deshalb das Handy unverzüglich nach seinem Verlust, um unnötige Kosten zu vermeiden. Haben Sie sich für eine Prepaid-Variante entschieden, lässt sich die SIM-Karte in der Regel allerdings nicht sperren; allerdings kann auch nur so lange auf Ihre Kosten telefoniert werden, bis das einst aufgeladene Guthaben verbraucht ist. Der Schaden dürfte sich in diesem Fall demnach in Grenzen halten.

Melden Sie den Verlust der Polizei, sodass diese den unrechtmäßigen Besitzer gegebenenfalls orten kann. Um möglichst genaue und konkrete Angaben zum Gerät Ihres Kindes (oder Ihrem eigenen Telefon) machen zu können, empfiehlt es sich, wichtige Daten unmittelbar nach dem Kauf zu notieren und diese Notiz an einem Ort aufzubewahren, an dem Sie sie bei Bedarf wiederfinden. Zu diesen Angaben zählen das Fabrikat (Hersteller, Typ) des Handys, seine Farbe, und die sogenannte IMEI-Nummer, die das Handy eindeutig identifiziert. Diese Nummer finden Sie in der Regel auf dem Typenschild des Handys, das meist unter dem Akku angebracht ist.

Bei einem teuren Handy empfiehlt es sich womöglich, über eine Versicherung nachzudenken, die Verlust oder Diebstahl des Gerätes abdeckt. Eventuell ist dies bereits sogar in Ihrer Hausratversicherung eingeschlossen.

Weisen Sie Ihr Kind ferner darauf hin, dass es sein Handy mit einem guten Kennwort (PIN) vor dem Zugriff Unbefugter schützen sollte. Die SIM-Karten, mit denen erst telefoniert werden kann, sind bereits mit einem solchen voreingestellten Passwort geschützt. Über den entsprechenden Menüpunkt Ihres Handys (vgl. die mitgelieferte Anleitung) lässt sich diese Nummer in ein anderes, individuelles Kennwort ändern, das sich einfacher merken lässt. Das Passwort sollte von Ihrem Kind natürlich weder aufgeschrieben noch an jemand anderen weitergegeben werden.

Raten Sie Ihrem Kind dazu, die PIN-Abfrage im Telefon zu aktivieren, denn nur so lässt sich bei Verlust des Gerätes ein unrechtmäßiges Nutzen einschränken. Dann kann es nämlich von niemandem eingeschaltet werden, der diese Nummer nicht kennt.

Wenn Ihr Kind auf keinen Anruf wartet und auch selbst nicht telefonieren möchte, sollte das Gerät aus diesem Grund stets ausgeschaltet sein. Dies gilt insbesondere an Orten mit erhöhtem Diebstahlrisiko, wie etwa belebten Einkaufsstraßen und Plätzen. Außerdem sollte Ihr Kind das Telefon stets in den Innentaschen seiner Jacke oder in der Hosentasche mit sich führen und keinesfalls unbeaufsichtigt auf dem Tisch oder anderorts liegen lassen.

Ist es trotz aller Vorsicht dennoch zum Verlust des Handys gekommen, sind häufig auch die persönlichen Daten und gespeicherten Dateien verloren, die – wenn überhaupt – nur mit großem Aufwand wiederbesorgt werden können. Sichern Sie aus diesem Grund die abgelegten Dateien und Kontakte regelmäßig, beispielsweise auf Ihrem heimischen PC.

Insgesamt sollten Sie offen und sachlich mit Ihrem Kind über die Gefahren der Handynutzung sprechen und ihm stets als Ansprechpartner zur Seite stehen. Weisen Sie Ihr Kind ferner darauf hin, dass es das Handy weder in fremde Hände geben noch unbeaufsichtigt liegen lassen sollte.

Dass Kinder und Jugendliche durch die Nutzung von Mobiltelefonen durchaus gefährdet und diese Gefahren in der Tat nicht zu bagatellisieren sind, zeigt sich auch an der Tatsache, dass sich selbst die EU-Kommission dieses Themas angenommen hat und ihrerseits befürchtet, dass Minderjährige nicht nur mit zu hohen Telefonkosten konfrontiert werden könnten, sondern auch mit pornografischen und Gewalt verherrlichenden Inhalten. Darüber hinaus sieht die Kommission nicht zuletzt durch bloßstellende Nachrichten und dem zunehmenden Cyber-Bullying die Privatsphäre der jungen Konsumenten gefährdet.

Stufe 5

Friedhof der Kuschelhandys – Auch nach dem Ableben können Handys noch Schaden anrichten

Dass nicht mehr benötigte Mobilfunkgeräte nicht im Hausmüll entsorgt werden dürfen, versteht sich wohl von selbst. Die Telefone selbst und ihre Akkus enthalten zahlreiche Stoffe, die Mensch und Umwelt gefährden können, wenn sie beispielsweise ins Grundwasser gelangen.

Sofern das Telefon noch funktioniert, geben Sie es doch lieber an Dritte weiter, bevor Sie es vernichten und in die ewigen Jagdgründe befördern. Vielleicht freut sich jemand aus Ihrem Bekanntenkreis darüber oder Sie erkundigen sich bei einer gemeinnützigen Organisation, die es als Spende annimmt und es entweder selbst an Bedürftige weitergibt oder diesen Personen den Erlös eines etwaigen Verkaufs zur Verfügung stellt.

Wenn Sie ein neues Handy kaufen möchten, erkundigen Sie sich doch beim Händler, ob derzeit eine »Alt-gegen-neu«-Aktion läuft, in der Sie zu Werbezwecken eine Entschädigung für die Abgabe Ihres alten Telefons erhalten.

Wie auch immer Sie sich entscheiden, was mit Ihrem alten Handy geschehen soll, sorgen Sie in jedem Fall dafür, dass das Gerät Ihnen nicht nach dem Ausscheiden aus Ihrer Familie Kummer bereitet. Dies kann beispielsweise geschehen, wenn sensible Daten (wie zum Beispiel Adressen und Telefonnummern Ihrer Freunde und Bekannten) in die Hände Dritter gelangen, die nun Besitzer des Gerätes sind.

Löschen Sie also vor der Weitergabe oder Vernichtung unwiderruflich alle auf der Speicherkarte gesicherten Daten und entfernen Sie die SIM-Karte aus dem Gerät. Vernichten Sie diese oder geben Sie sie zurück an den Netzbetreiber.

Achtung! Einige Netzbetreiber berechnen Ihnen nachträglich eine Gebühr, falls die SIM-Karte nach Auslaufen oder Kündigung des Vertrages nicht zurückgegeben wird. Studieren Sie diesbezüglich die Allgemeinen Geschäftsbedingungen Ihres Anbieters.

Am besten ist es deshalb, Sie geben die Speicherkarte nicht ab, sondern behalten sie oder lassen sie sicher vernichten. Sogenannte Recovery-Tools, die sich kostenlos aus dem Internet herunterladen lassen, ermöglichen jedem, alle bisher auf einem Speichermedium gesicherten und gelöschten Dateien auf einfache und komfortable Weise wiederherzustellen. Dies bedeutet, dass auch alle vermeintlich entfernten Daten für Dritte wieder auffindbar sind.

Stufe 6
Handystrahlung und Handysmog – die unsichtbaren Gefahren

Im Jahre 10, nachdem das Mobiltelefon gesellschaftsfähig wurde, liest man in den Zeitungen folgende Überschriften, die die Frage nach der Notwendigkeit dieses Gerätes wieder in den Fokus rücken:

Wissenschaftler heizen Handysmog-Debatte an

Experten – orientierungslos im Antennenwald

Streit über Gefahren durch Handysmog dauert an

Kaum höheres Leukämierisiko
für Kinder durch Elektrosmog

Handygebrauch erhöhtes Risiko fürs Auge?

Beim Handyverschenken an
niedrige Strahlungswerte denken

Handybetreiber lehnen strengere
Grenzwerte ab

Gefährdung durch Handys bleibt umstritten

Umweltverbände warnen
vor mehr Handysmog

Können Handys Krebs im Kopf auslösen?

Ähnlich wie bei der Wirkung von gewalthaltigen Computerspielen (siehe Level 3: »Virtuelle Welten – Computerspiele«) sind sich auch beim Thema »Gefährdung der Handynutzer durch Strahlung und Funkwellen« die Gelehrten nicht einig. Daher kann an dieser Stelle nach jetzigem Kenntnisstand weder eindringlich vor einer Nutzung von Mobiltelefonen gewarnt, noch können diese als völlig unbedenklich eingestuft werden. Eine gewisse Portion Vorsicht kann aber wohl sicher nicht schaden.

Die vom Mobiltelefon ausgesendeten Daten (zum Beispiel ein Anruf oder eine Kurzmitteilung) werden über Funkwellen vom Absender zur nächstgelegenen Basisstation übertragen. Hierzu werden die Signale digitalisiert und in elektromagnetische Felder hoher Frequenz umgewandelt. Diese hochfrequenten Funkwellen gehen aber nicht nur von Mobiltelefonen aus, sondern sind auch für die Übertragung von Radio- und Fernsehsendern erforderlich.

Ist der menschliche Körper diesen Wellen ausgesetzt, nimmt er Energie auf und erwärmt sich. In Maßen ist diese Erwärmung keinesfalls bedenklich; erwärmen sich der Körper oder einzelne Körperteile allerdings zu sehr, kann dies durchaus zu gesundheitlichen Problemen führen. Um eine solche Gefahr weitestgehend auszuschließen, darf nach einer Regelung des Bundesamtes für Strahlenschutz die Strahlung von Mobilfunkanlagen einen bestimmten Wert nicht überschreiten. Dieser Wert liegt bei einem Bruchteil jenes Wertes, der die Erwärmung des Körpers durch sportliche Aktivität beziffert. Für UMTS-Signale liegt dieser Wert beispielsweise bei 10 Watt pro Quadratmeter. Zum Vergleich: Bei einem kurzen Sprint, zum Beispiel, um einen an der Haltestelle wartenden Bus noch zu erreichen, erreichen Sie mit einer Leistung von rund 100 Watt einen zehnmal so hohen Wert. Dadurch kann sich die Temperatur des Körpers um bis zu zwei Grad erhöhen. Dass es sich bei der durch Funkwellen ausgelösten Temperaturerhöhung des menschlichen

Körpers um keine gesundheitliche Gefährdung handelt, bestätigt auch die Weltgesundheitsorganisation WHO.

Zwar gelten die für den Mobilfunk festgelegten Grenzwerte demnach als sicher und bieten auch für Kinder einen ausreichenden Gesundheitsschutz, dennoch kann zum jetzigen Zeitpunkt niemand völlig ausschließen, dass nicht doch langfristige Probleme auftreten können.

Der menschliche Körper ist einer Vielzahl elektromagnetischer Felder ausgesetzt. Hierzu zählen bereits das Sonnenlicht, aber auch Wellen des Rundfunks (Radio und Fernsehen), das Babyfon im Kinderzimmer und die kabellose (WLAN-)Verbindung Ihres Computers mit dem Internet.

In den vergangenen Jahren ausgiebig und äußerst emotional ausgetragen wurden Diskussionen über die Gefährdung der zunehmend auf Wohnhäusern aufgestellten Sendemasten der Mobilfunkstationen. Die hiervon ausgehende Strahlung liegt jedoch mit einem Faktor von 1 000 bis 10 000 unter der Strahlung, die vom Telefonieren selbst ausgeht, und gilt demnach zum jetzigen Kenntnisstand erst recht als unbedenklich.

Wie hoch die Strahlung ist, die von einem Mobiltelefon ausgeht, ist in seiner Bedienungsanleitung angegeben. Erkundigen Sie sich daher bereits beim Kauf eines Handys beim Händler nach diesem sogenannten SAR-Wert. Diese »Spezifische Absorptionsrate« gibt an, wie viel Energie vom menschlichen Körper aufgenommen wird. Je niedriger der angegebene Wert ist, desto ungefährlicher ist das Handy. Die in Europa erhältlichen Geräte verfügen allesamt über einen Wert, der unter zwei Watt pro Kilogramm liegt.

Sollten Sie sich bereits zu Hause über den SAR-Wert des ins Auge gefassten Handys informieren wollen, erhalten Sie Unterstützung durch das Bundesamt für Strahlenschutz, das auf seiner Internetseite die Werte aller angebotenen Handymodelle veröffentlicht: http://www.bfs.de/elektro/oekolabel.html.

Die Intensität der Energieaufnahme hängt auch mit der Netzqualität zusammen. Je besser die Verbindung, desto geringer ist der SAR-Wert während des Telefonats. Weiter reduzieren lässt sich der Wert, indem das Telefon während des Gespräches nicht direkt am Körper (zum Beispiel am Ohr) gehalten wird, sondern dieses vielmehr über ein Headset (Kopfhörer mit angeschlossenem Mikrofon) genutzt wird. Diese gibt es recht preisgünstig im Zubehörhandel. Die tatsächliche Wirkung ebenfalls erhältlicher, vermeintlich strahlenabschirmender Schutzfolien für Handys ist hingegen wissenschaftlich nicht bewiesen und dürfte wohl lediglich Geld in die Kassen des Herstellers spülen.

⚠ **Raten Sie Ihrem Kind also, nach Möglichkeit ein Headset zu benutzen und nur dann zu telefonieren, wenn der Empfang ausreichend ist (mindestens drei Balken). Wird keine Freisprecheinrichtung genutzt, sollte das Telefon erst dann ans Ohr gehalten werden, nachdem die Verbindung hergestellt worden ist, da die Sendeleistung beim Verbindungsaufbau am größten ist.**

Stufe 7

Was macht der blaue Zahn im Handy? Bluetooth und andere wichtige Handybegriffe

Moderne Handys stecken voller Funktionen, die weit über das Telefonieren hinausgehen. Um wirklich herauszufinden, was das Mobiltelefon Ihres Kindes tatsächlich kann, müssen Sie sich mit den wichtigsten Begriffen im Zusammenhang mit der Handynutzung vertraut machen. Nachfolgende, alphabetisch sortierte Liste stellt Ihnen hierzu eine gute Hilfestellung dar.

Anklopfen
Während eines Gespräches erfolgt bei einem weiteren eingehenden Anruf ein Signalton, den nur der Gesprächsteilnehmer hören kann, bei dem der weitere Anruf eingeht. Dieser neue Anruf kann angenommen werden, während das gerade geführte Telefongespräch für diese Zeit »geparkt« wird (siehe »Makeln«).

Bluetooth
Mit dieser Funktion lassen sich Daten wie etwa Texte, Bilder oder Klingeltöne von einem auf ein anderes Handy (oder einen mit dieser Funktion ausgestatteten Computer) übertragen, ohne dass dafür Gebühren entstehen. Beide Geräte müssen sich nur in Reichweite (bis maximal zehn Meter Entfernung) zueinander befinden. Sie müssen sich aber nicht, wie bei der → Infrarotübertragung, in Sichtweite befinden.

Branding
Dieser Begriff stammt eigentlich aus der Viehhaltung und bezeichnet das Brandmarken von Tieren, um diese dem Besitzer zuordnen zu können. Im Zusammenhang mit der Handynutzung beschreibt der Begriff die Programmierung der Handysoftware durch den Mobilfunkanbieter, der beispielsweise die Tastenbelegung derart bestimmt, dass diese einfach zu den Angeboten des Betreibers führen (die in der Regel kostenpflichtig sind).

GPRS
»General Packet Radio Service« bezeichnet eine Datenübertragungsform bei Handys. Mit dieser Einrichtung, die die meisten modernen Handys unterstützen, kann eine Verbindung zum Internet aufgebaut werden.

GSM

GSM ist die Abkürzung des englischen Ausdrucks »Global System for Mobile Communication« und bezeichnet die Technik, mit der das Handy arbeitet.

Infrarot

Ähnlich wie bei → Bluetooth lassen sich über eine Infrarotschnittstelle Daten wie Klingeltöne oder Bilder von einem auf ein anderes Handy übertragen. Beide Geräte müssen sich aber während der Übertragung in Sichtweite zueinander befinden.

Makeln

Makeln bedeutet die Annahme eines eingehenden Anrufs während eines Gespräches und den Wechsel zwischen den zwei Gesprächen.

MMS

Diese Abkürzung steht für »Multimedia Messaging Service« und bezeichnet einen Dienst, mit dem nicht nur reine Texte wie beim → SMS verfasst und versendet werden können, sondern ganze Multimediadateien, wie etwa Musiken, Bilder oder sogar Filme.

Achtung! Da Multimediadateien in der Regel wesentlich größer sind als reine Textdateien, sind die Gebühren für das Versenden von MMS höher als das Schicken einer SMS.

Postpaid-Tarif

Dieser Tarif ist die bei Laufzeitverträgen übliche Abrechnungsweise. Die anfallenden Telefonkosten werden am Ende des Monats abgerechnet und vom Konto des Nutzers eingezogen.

Premium-SMS

Dieser Begriff bedeutet die Bestellung von Diensten mittels einer Kurzmitteilung, wie etwa der Kauf von Klingeltönen.

Prepaid-Tarif

Bei dieser Tarifvariante wird zum Telefonieren ein Guthaben benötigt, das dann abtelefoniert wird. Ist dieses verbraucht, können nur noch Anrufe entgegengenommen werden.

Roaming

Roaming bezeichnet die Einwahl in ein fremdes Netz, beispielsweise bei einem Aufenthalt im Ausland. Es fallen zusätzliche Gebühren an – auch für eingehende Anrufe!

SIM-Karte

SIM steht für »Subscriber Identity Module«. Die Karte wird in das Telefon eingelegt und verbindet den Nutzer mit dem Netz des gewählten Betreibers.

SIM-Lock

Dieser Schutz verhindert den Wechsel des Netzbetreibers. Das Telefon akzeptiert nur → SIM-Karten des betreffenden Betreibers.

Simsen

»Simsen« steht umgangssprachlich für das Verfassen von Kurzmitteilungen, sogenannten → SMS.

SMS

SMS ist die Abkürzung des englischen Ausdrucks »Short Messaging Service«, also Kurzmitteilungsdienst. Damit lassen sich kurze Textnachrichten auf ein anderes Handy übermitteln. Die Kosten dafür variieren von Anbieter zu Anbieter und belaufen sich etwa auf neun bis 19 Cent pro Mitteilung.

Sonderrufnummer

Über diese Telefonnummern, deren Gesprächskosten höher sind als bei gewöhnlichen Rufnummern, lassen sich besondere Dienste erreichen, wie etwa Auskünfte, Hotlines oder Telefonsex.

UMTS

Mithilfe dieses »Universal Mobile Telecommunication Systems« lassen sich Daten noch schneller übertragen als mit → GPRS. Auch das gleichzeitige Telefonieren und Surfen im Internet wird über diesen Dienst unterstützt.

WAP

Über das »Wireless Application Protocol« lassen sich vereinfachte Internetseiten anzeigen, die extra auf diesen Dienst angepasst worden sind. Die Verbindung geschieht in der Regel durch → GPRS.

Level 3

Virtuelle Welten – Computerspiele

Computerspiele sind ein ernst zu nehmender Wirtschaftszweig, schließlich haben laut einer Studie des Medienpädagogischen Forschungsinstituts Südwest aus dem Jahr 2008 77 Prozent der Jungen und 64 Prozent der Mädchen im Alter zwischen 6 und 13 Jahren einen eigenen Computer zur Verfügung, 54 Prozent der Jungen und 47 Prozent der Mädchen in dieser Altersgruppe haben einen eigenen Internetzugang. 12 Prozent aller Schüler nutzen täglich Computerspiele, 18 Prozent mehrmals in der Woche. Interessant ist die Tatsache, dass Computerspiele bei männlichen Nutzern in dieser Altersgruppe die häufigste Computeranwendung darstellen, während Mädchen im Alter von 6 bis 13 Jahren Computerspiele und Lernprogramme in etwa gleich häufig nutzen.

Das alles wissen auch die Unternehmen zu schätzen, schließlich bedeutet die Computerspielindustrie ein Milliardengeschäft. Rund ein Drittel aller in Deutschland verkauften Spiele ist elektronisch! Mit Computerspielen lässt sich hierzulande mehr verdienen als mit Kinofilmen. Allein in den USA sind mehr als 200 000 Programmierer damit beschäftigt, neue Software für den Video- und Computerspielemarkt zu erstellen.

In acht von zehn Haushalten ist eine Videospielkonsole vorhanden.

Dies erklärt den ungeheuren Aufwand, den Softwareproduzenten betreiben, um ein Spiel auf dem Markt zu platzieren: Gab es noch vor 20 Jahren, als die Heimcomputer allmählich ihren Siegeszug in die Wohn- und Kinderzimmer antraten, einfach gestrickte Spiele mit ruckelnder Grafik, für die man ein gewisses Maß an Vorstellungskraft benötigte, um die Spielfiguren erkennen zu können, gleichen sie heute in ihrer Machart und Präsenz Kinofilmen, die bis ins Detail alle Spielzüge darstellen, darunter auch blutrünstige Hinrichtungsszenen.

Nicht selten werden erfolgreiche Kinofilme oder Fernsehserien für den Spielemarkt adaptiert. Immer häufiger funktioniert das Geschäft aber auch andersherum: Die Story oder der Held eines Computerspiels wird zur Grundlage für einen Kinofilm (zum Beispiel Lara Croft in *Tomb Raider*).

Anmerkung: Wenn in diesem Kapitel von Computerspielen die Rede ist, sind damit alle elektronischen Spiele gemeint, also nicht nur PC-Spiele, sondern auch Video- bzw. Konsolenspiele (wie etwa PlayStation, Wii oder Xbox) sowie portable Systeme (zum Beispiel Game Boy, Nintendo DS).

Stufe 1

Wo kommen die Computerspiele her? Zur Geschichte der Videospiele

Video- bzw. Computerspiele sind keineswegs eine Erfindung des 21. Jahrhunderts. Es gab sie schon, lange bevor der Siegeszug des Heimcomputers in die häuslichen Wohnzimmer überhaupt absehbar war. So wurde beispielsweise bereits in den 1950er-Jahren das erste Schachspiel für einen Computer entwickelt.

1958 folgte dann der Durchbruch der kommerziellen Videospiele mit dem heute als Klassiker geltenden »Tennis for two«, bei dem ein weißer Punkt über den Bildschirm flog, der von den am äußeren Rand befindlichen Rechtecken vom Verschwinden abgehalten werden musste.

Das erste Computerspiel hingegen, das nicht kommerziellen Zwecken diente, war eine simple Abwandlung des Oszillografen.

Die Videospiele dieser Zeit waren grafisch und technisch sehr einfach gehalten und liefen hauptsächlich auf Großrechnern an amerikanischen Universitäten. Aus diesem Grund blieben sie einem kleinen Kreis von Personen (Wissenschaftlern und Studenten) vorbehalten.

»Warum wurden überhaupt Videospiele erfunden?«

Zu jener Zeit, als raumfüllende, lochkartenfressende »Alleskönner« nach und nach ihren Weg in Wissenschaft und Betriebe fanden, mussten die Menschen allmählich an diese noch unbekannten und daher auch gewiss Angst verursachenden Maschinen gewöhnt und mit ihnen vertraut gemacht werden. Wie kann dies einfacher geschehen als auf spielerische Weise?

In den 1970er-Jahren folgte dann der Siegeszug der Videospielautomaten. An vielen öffentlichen Orten, wie etwa Kneipen und Kiosken, wurden solche Münzgeräte aufgestellt, und sie erfreuten sich wachsender Beliebtheit. Die ersten Spiele dieser Art waren grafisch noch immer recht einfach gehalten, dennoch faszinierten sie vielleicht gerade aufgrund ihrer einfachen Spielstruktur. Das Automatenspiel »Pong« von Atari-Gründer Nolan Bushnell gilt als das erste aus rein kommerziellen Gesichtspunkten entwickelte Videospiel der Welt. Seine Firma produzierte nur wenige Jahre danach die erste Videospielkonsole für zu Hause, den Atari 2600. 1976 gelang ihm damit und mit dem Spiel »Space Invaders« endgültig der Durchbruch. Erstmals waren die Nutzer dieses Gerätes nicht auf ein bereits installiertes Spiel festgelegt, sondern konnten mithilfe von Spielmodulen immer neue Videospiele nachkaufen und spielen.

Das heute noch bekannte und beliebte Spiel »Pacman« entstand bereits 1980 als Automatenversion und wurde zwei Jahre darauf aufgrund des enormen Erfolges für den heimischen Markt adaptiert. Dieser Erfolg lässt sich wohl am ehesten durch die Einfachheit der Spiele erklären. Sie waren allesamt durchaus anspruchsvoll, aber hatten eine einfache Spielstory mit einfach zu durchschauenden Handlungsalternativen zur Grundlage. Sie waren darüber hinaus völlig sinnfrei, das heißt, der Spieler konnte sich mithilfe der Programme entspannen und auf diese Weise für einen Augenblick der Realität entfliehen.

Als zu Beginn der 1980er-Jahre die Heimcomputer zunehmend Einzug in die Privatwohnungen erlangten, sanken die Verkaufszahlen der reinen Videospielkonsolen. Dennoch ließen sich die Geräte der Firma Atari in den Jahren 1983 bis 1992 weltweit 35 Millionen Mal verkaufen. Die Hälfte aller weltweit produzierten Computer- und Videospiele wird explizit für Kinder und Jugendliche hergestellt.

Mit der zunehmenden Leistungsfähigkeit der Konsolen und Computer nimmt auch die Komplexität und grafische Detailgetreue der Video- und Computerspiele zu. Mittlerweile ist der Unterschied zwischen einer computeranimierten Grafik eines Videospiels und einem real produzierten Spielfilm kaum noch auszumachen. Und so verschwimmen die Grenzen zwischen Spielfilm und Computerspiel zunehmend: Immer mehr Spielfilme werden mithilfe von Computertechnologien animiert, und für Computerspiele stehen »richtige« Schauspieler Pate. Darüber hinaus werden erfolgreiche Videospielformate verfilmt (wie etwa der schon erwähnte Film *Lara Croft: Tomb Raider)* und erfolgreiche Kinofilme kommen als Computerspiel auf den Markt (zum Beispiel James Bond).

Lara Croft Superstar

Das amerikanische TIME-Magazin wählte unlängst Lara Craft zu einer der 100 einflussreichsten Persönlichkeiten des 20. Jahrhunderts. Und dabei verdankt die Gute ihr Geschlecht einer strategischen Notlösung: Eigentlich sollte der Held des ersten Tomb-Raider-Spiels männlich sein. Aufgrund der zu großen Ähnlichkeit mit der Indiana-Jones-Serie befürchtete das Softwarehaus allerdings rechtliche Schwierigkeiten, sodass sich die Entwickler kurzerhand entschlossen, aus dem Helden eine Heldin zu machen. Ob Tomb Raider wohl auch so erfolgreich geworden wäre, wenn nicht eine attraktive Superfrau die Titelrolle gespielt hätte?

Hinzu kommt die Verschmelzung zwischen dem Internet und den Videospielen. Diese lassen sich nicht nur aus dem Internet herunterladen, sondern es werden zunehmend Spiele produziert, die sich ausschließlich online spielen lassen. Der besondere Reiz dieses Genres liegt darin, dass teilweise mehrere tausend Mitspielerinnen und Mitspieler virtuell gegeneinander antreten.

Bei den Online-Spielen wird unterschieden zwischen einer »Community«, in der über Spielerfahrungen diskutiert und Strategien ausgetauscht werden, sowie »Clans«, die als Mannschaft gemeinsam agieren und im Spielverlauf gegen andere Clans antreten. Nirgendwo sonst sind Online-Spiele so beliebt in Europa wie in Deutschland.

»Wo liegt denn genau der Unterschied zwischen den Geräten?«

Es gibt mehrere Möglichkeiten, Computer- und Videospiele zu nutzen. Da ist natürlich auf der einen Seite der Computer selbst, quasi ein Alleskönner. Mit ihm lassen sich nicht nur Texte schreiben, Daten verwalten und Präsentationen erstellen, sondern eben auch Spiele spielen. Dies erfolgt entweder mithilfe einer CD-ROM oder DVD-ROM, von der das Spiel in der Regel auf dem PC installiert werden muss. Eine weitere Möglichkeit besteht darin, dass der Computer mit dem Internet verbunden wird, von wo aus das Spiel heruntergeladen und installiert wird. Oder aber es handelt sich um ein sogenanntes Browsergame, das nicht heruntergeladen oder installiert werden muss, sondern online gespielt werden kann.

Bei den Spielkonsolen (wie etwa der »PlayStation« oder der »Xbox«) handelt es sich um ausschließlich für Videospiele konzipierte Geräte, die einfach an den heimischen Fernseher angeschlossen werden können. Mittlerweile lassen sie sich auch als MP3-Player sowie CD- und DVD-Spieler einsetzen. Diejenigen Geräte, die eine Online-Funktion besitzen, lassen sich nicht nur zum gemeinsamen Spielen mit Nutzern aus aller Welt einsetzen, sondern auch, um im Internet zu surfen und weitere Spiele oder ergänzende Level für ein vorhandenes Spiel herunterzuladen. Die Bedienung der Spielkonsole ist einfacher als die eines Computers, da die Spielsoftware lediglich in das DVD-Laufwerk eingelegt werden muss und alles Weitere automatisch geschieht. In Bezug auf die grafische Gestaltung der Videospiele sowie die Leistungsfähigkeit der Prozessoren sind Spielkonsolen den Computern längst nicht mehr unterlegen; manche Spiele sind auf diesen Geräten sogar wesentlich realistischer als auf dem Computer – wenn es sie dafür überhaupt gibt.

Eine weitere Alternative für den mobilen Einsatz bieten die tragbaren Spielkonsolen, wie etwa der 1990 von der Firma Nintendo eingeführte »Game Boy«. Der Vorteil dieses Gerätes war die Unabhängigkeit vom Stromnetz, da es über Batterien gespeist wurde. Außerdem ist es nicht größer als ein Taschenbuch und kann somit überall mitgenommen werden. Diese Innovation bescherte dem Unternehmen bereits nach kurzer Zeit einen

Marktanteil von 15 Prozent. Nintendo war damit zum größten Spielwarenanbieter in Deutschland geworden. Bis heute hat sich das Gerät mehr als 100 Millionen Mal verkauft.

Computer- und Videospiele sind also von einer Vorliebe weniger »Freaks« zu einem Massenphänomen geworden, das durchaus gesellschaftsfähig, kommunikativ und unterhaltsam sein kann, denkt man nur an Spiele wie »Singstar« oder »Buzz«.

Stufe 2
Was fasziniert Kinder an Videospielen?

Computerspiele gibt es wie Sand am Meer. Egal, ob sie kostenfrei im Internet herunterzuladen sind oder im Elektronikmarkt verkauft werden: Es gibt empfehlenswerte, für Kinder und Jugendliche geeignete sowie weniger gute und sogar gefährdende Exemplare. Empfehlenswert sind sie dann, wenn sie Kompetenzen vermitteln oder stärken und das vernetzte Denken fördern. Viele Spiele eignen sich darüber hinaus zur Schulung von Koordination, Reaktionsfähigkeit und visuellem Denken. Dabei muss es sich nicht explizit um ein Lernspiel handeln; auch »herkömmliche« (Strategie-)Spiele können diese Fähigkeiten positiv beeinflussen. Durch die Interaktivität zwischen Nutzer und Medium sowie durch eine ansprechende Animation wird das Interesse der Kinder und Jugendlichen geweckt.

Kinder und Jugendliche reizt an Computer- und Videospielen vor allem die Tatsache, dass sie aktiv ins Geschehen eingreifen können und sie sich, im Falle von Online-Spielen, mit anderen Spielern weltweit zusammenschließen können, um gemeinsam ein Problem oder eine Aufgabe zu lösen. Sie erleben in den Spielen ein Gefühl der Macht – sie allein haben es in der Hand, die Welt vor bösen Mächten zu beschützen.

Virtuelle Spielewelten erlauben es den Heranwachsenden, Fehler zu machen, ohne dass sie dafür (wie im richtigen Leben!) ernsthafte Konsequenzen befürchten müssen. Ganz im Gegenteil können sie aus ihren Fehlern völlig ungehemmt ihre Erfahrungen für ihr zukünftiges Handeln ableiten – sie müssen das Spiel lediglich an der Stelle neu starten, an der sie ihren Spielstand zuvor gespeichert hatten.

Computer- und Videospiele werden – nach dem Fernseher, der noch immer die Nummer eins der Freizeitbeschäftigung von Kindern und Jugendlichen ist – vor allem als Unterhaltungsmedium genutzt. Besonders das selbstständige Entdecken neuer Programme, die Herausforderung, gestellte Aufgaben eigenständig oder gemeinsam mit Freunden anzugehen und zu lösen, üben für die meisten von ihnen den Reiz daran aus. Für viele von ihnen wird der Computer auf diese Weise zu einem Freund-Ersatz, wenn reale Freunde beispielsweise nicht zur Verfügung stehen. Dies wird durch die Möglichkeit der Online-Spiele gestärkt, wenn der Freund nicht einmal mehr persönlich anwesend sein muss, sondern gemeinsam über eine Internetverbindung gespielt werden kann.

Ein weiterer Grund, warum Kinder und Jugendliche gern zu Computer- und Videospielen greifen, ist der, der Realität des Alltags für eine gewisse Zeit zu entkommen. Durch eine solche Flucht aus der realen in die virtuelle Welt erleben vor allem jene Kinder, die ihre Wünsche und Sehnsüchte nicht ausleben können, ein wahres Schlaraffenland der Möglichkeiten, in dem sie Herrscher über Gut und Böse sind, in dem sie Recht und Ordnung bestimmen und erhalten können, in dem sie ihre Bedürfnisse zumindest virtuell ausleben dürfen.

Das Anwenden von Computer- und Videospielen ermöglicht das Erleben von positiven Emotionen wie Freude, Vergnügen und Glück, ausgelöst durch Faktoren wie Erfolg und Kontrolle über den Spielverlauf.

Spiele (und nicht nur digitale, sondern auch klassische Gesellschaftsbrettspiele) bieten ein Ventil für Aggressionen und ermöglichen den Abbau von im Alltag entstandenen Stressfaktoren. Sie bringen dem Spieler außerdem bei, mit Misserfolgen fertig zu werden und aus seinen Fehlern zu lernen.

Eine anfängliche Frustration, etwa wenn ein Level nicht geschafft werden konnte, führt häufig zu einer vermehrten Anstrengung, und zwar so lange, bis die Hürde endlich überwunden werden kann. Das daraus resultierende Erfolgserlebnis wirkt ebenfalls positiv verstärkend, weiterzuspielen. Auf diese Weise zieht das Spiel seinen Nutzer immer weiter in seinen Bann.

Multi-User-Spiele und online geführte Spiele bieten einen weiteren Reiz, nämlich den des sozial-emotionalen Austausches. Gespielt wird zwar allein zu Hause oder im Internetcafé, aber dennoch gemeinsam mit anderen Nutzern, die irgendwo in der Welt ihren Wohnsitz haben können.

Ein elektronisches Spiel ist eben stets da, wenn »man es braucht«, zum Beispiel weil man Langeweile hat. Und wenn kein Mitspieler zur Stelle ist, übernimmt der Computer diese Aufgabe. Dabei müssen nicht einmal irgendwelche Vorkehrungen getroffen werden – es genügt, den Kasten einzuschalten und die entsprechende CD-ROM einzulegen.

Die Vielfältigkeit des Angebotes ist ein weiterer Grund, warum Kinder, Jugendliche und auch viele Erwachsene sich gleichermaßen gerne mit Computer- oder Videospielen beschäftigen. Sie sprechen nahezu jedes Interessengebiet an und verlangen die unterschiedlichsten Kenntnisse und Fertigkeiten, wie beispielsweise in Simulationen und Strategiespielen.

Auch wenn der Fernseher stets verfügbar, Kindern und Jugendlichen langweilig ist und Eltern zu beschäftigt sind, so bieten Computerspiele eine viel interessantere Verbindung verschiedener Medien, indem häufig Elemente aus Comics, Filmen, Brettspielen und Romanen miteinander verwoben werden.

Computer- und Videospiele ermöglichen dem Nutzer ferner, Erfahrungen zu sammeln und Dinge gefahrlos auszuprobieren, die in der realen Welt (zumindest für die meisten von uns) unmöglich wären, wie etwa einen Rennwagen oder ein Flugzeug zu steuern.

Besonders reizvoll ist ein Spiel, das es schafft, den Spieler derart zu beanspruchen, dass er stets motiviert ist, den Spielverlauf zu beherrschen, dabei aber nicht zu kompliziert oder komplex ist, dass er frustriert aufgibt. Untersuchungen an der Fachhochschule Köln haben dies bestätigt: Gab man Kindern und Jugendlichen eine Reihe von Computerspielen zur Auswahl, griffen die Probanden stets zu jenen, bei denen sie zuvor Erfolg hatten.

Stufe 3
Von Löwenzahn bis Second Life – unterschiedliche Spielgenres

Der Computer- und Videospielemarkt ist unüberschaubar groß – viele Unternehmen wollen ein Stück vom Kuchen abhaben und sich bei möglichst vielen Nutzern platzieren. Nicht allzu erstaunlich wirkt in diesem Zusammenhang die Tatsache, dass fast jeder zweite Junge, aber nur jedes achte Mädchen zu den regelmäßigen Nutzern von Computerspielen zählt. Das bedeutet aber nicht, dass Mädchen nicht im Trend liegen und sich anderweitig als mit den Neuen Medien beschäftigen; sie bevorzugen statt der Spiele Chaträume, in denen sie sich austauschen und mit Gleichgesinnten unterhalten können und allgemein im Internet surfen.

Um sich einen groben Überblick über das Angebot an Spielen zu verschaffen, reicht eine reine Unterteilung in Lern- und

Unterhaltungsspiele bei Weitem nicht aus. Gab es zu Beginn des Home-PC-Zeitalters vorwiegend sogenannte »Arcade«-Games (von Spielhallenautomaten auf den Heimcomputer übertragene Spiele), Denkspiele (wie zum Beispiel Solitär oder Tetris) und relativ einfach konstruierte Jump-and-Run-Spiele, bei denen die Spielfigur mehrere Hindernisse auf verschiedenen Ebenen (Levels) überwinden muss, um ans Ziel zu gelangen, ist die Komplexität und die Anzahl an unterschiedlichen Genres heute um ein Vielfaches größer. Dies gilt vor allem für Online-Spiele, bei denen man mit Spielern aus der ganzen Welt über das Internet spielen kann, ohne sich an einem gemeinsamen Ort befinden zu müssen.

Insbesondere für Heranwachsende gibt es eine Reihe von Lernspielen, die zum Teil auf beliebten Kindersendungen fußen (zum Beispiel »Löwenzahn«). In ihnen muss der Spieler unterschiedliche Aufgaben erledigen und Fragen beantworten. Erklärungen und Hinweise durch das Programm fördern das Lernen des kindlichen Spielers.

Beliebte Kinofilme oder Fernsehserien sind ebenfalls häufig ein Vorbild für Computerspiele, in denen einzelne Szenen vom Spieler nachgespielt werden müssen. Hinzu kommen Spiele zu großen Sportevents, wie etwa der Fußballweltmeisterschaft, Tennis- und Golfturnieren oder Leichtathletikveranstaltungen. Dieses Genre lässt sich wiederum unterteilen in solche, in denen der Spieler als Wettkämpfer agiert und sich mit anderen (Computer-)Gegnern messen muss, und Strategiespielen, bei denen der Spieler beispielsweise das Management eines Fußballvereins übernimmt und seine Mannschaft durch strategisches Handeln zum Sieg führen soll.

Neben den sportlichen Strategiespielen gibt es mittlerweile eine Reihe weiterer strategischer Simulationen. So kann sich der Spieler beispielsweise als Freizeitparkbetreiber oder Zoobesitzer betätigen und muss das Gelände gestalten, Attraktionen und Bedienstete einkaufen und dafür sorgen, dass sich die Gäste nicht langweilen. In anderen Simulationen muss der Spieler beispielsweise ein Flugzeug steuern oder einen Sportwagen über eine Rennstrecke lenken.

Alle hier genannten Spielgenres gehören eher zu den unbedenklichen Unterhaltungsspielen, die in der Regel für jede Altersgruppe geeignet sind und bei denen auch Problemlösungskompetenz entwickelt wird (insbesondere natürlich bei den Strategiespielen). Problematischer wird die Sache schon bei den Rollenspielen, in denen der Spieler seinen Helden über ein im Fantasybereich oder dem Mittelalter angesiedelten Spielfeld steuert und dort Feinde besiegen und durch strategisches Handeln sein Überleben sicherstellen muss.

In der Kritik befinden sich vornehmlich die sogenannten Ego-Shooter, in denen der Spieler die Rolle einer Spielfigur annimmt und aus deren Perspektive Gegner umbringen soll. Die Darstellung dieser Szenen ist dabei häufig derart realistisch, dass die Angst in den Augen der Figuren zu erkennen ist und ihr Blut durch den virtuellen Raum spritzt.

Ego-Shooter bezeichnen eine bei Jugendlichen besonders beliebte Spielvariante, bei der der Spieler die Handlungen seiner Spielfigur aus deren Perspektive »mit eigenen Augen« miterlebt, so als wäre er selbst die Figur. Diese ist daher selbst auch gar nicht zu erkennen; meist sieht man nur die Arme und Beine sowie die Waffe. Mit dieser wird das eigentliche Ziel des Spiels verfolgt, nämlich möglichst schnell alle Gegner und Feinde (und die gibt es reichlich!) abzuschießen. Über das Internet oder mit einer zweiten Konsole lassen sich diese Spiele in der Regel auch mit mehreren Spielern spielen.

Als Mitentwickler dieser Spielart gilt das amerikanische Unternehmen »id Software«, das mit »Wolfenstein 3D« den ersten Ego-Shooter auf den Markt gebracht hat. Auch die populären Spiele »Doom« und »Quake« stammen aus diesem Haus.

Die meisten Ego-Shooter wurden von der Bundesprüfstelle für jugendgefährdende Medien indiziert.

Weniger verbreitet und nicht allzu beliebt bei den meisten Kindern und Jugendlichen, dennoch aber auf dem deutschen Markt existent, sind nationalsozialistische und die NS-Zeit verherrlichende Spiele. Diese gibt es, weil verboten, natürlich nicht im Geschäft zu kaufen. Sie lassen sich aber auf den einschlägigen Seiten kostenlos im Internet herunterladen oder werden manchmal sogar vor den Schulhöfen an Schülerinnen und Schüler verteilt.

Bei diesen Spielen handelt es sich zumeist um Multiple-Choice-Fragen, bei denen im Stile von »Wer wird Millionär?« aus vier Antwortmöglichkeiten zu einer Frage die vermeintlich »richtige« ausgewählt werden muss. Darüber hinaus gibt es Simulationen, in denen das nationalsozialistische Reich vergrößert werden soll oder in denen der Spieler die Aufgabe eines Wärters eines Konzentrationslagers übernimmt.

Seit geraumer Zeit strömen immer mehr Spiele auf den Markt, die nicht im Handel auf einer CD-ROM oder einer DVD erworben und auf einem Computer installiert werden, sondern direkt online über das Internet abrufbar sind. Zu diesen Online-Spielen zählen etwa »Counter-Strike« und »World of Warcraft« (WoW), aber auch Glücksspiele wie Black Jack, Poker oder andere Casinospiele gewinnen zunehmend an Bedeutung. Diese stellen eine weitere Gefährdung dar, da sie in der Regel von im Ausland ansässigen Anbietern betrieben werden, Glücksspiele mit Geldeinsatz allerdings in Deutschland ohne behördliche Genehmigung verboten sind. Auf diese Weise macht sich der Spieler nicht nur selbst strafbar, sondern wird auch im Streitfall (zum Beispiel wenn er um die Auszahlung seines Gewinns geprellt wird) nur wenig Aussicht auf Erfolg haben.

http://www.wow-europe.com/de/index.xml – World of Warcraft, eines der beliebtesten Online-Spiele

Online-Spiele sind derzeit überaus beliebt bei den Heranwachsenden und haben sogar den LAN-Partys ihren Rang abgelaufen. Bei diesen Veranstaltungen trafen sich hunderte oder gar tausende Gleichgesinnte beispielsweise in einer Sporthalle, um ihre Computer miteinander zu vernetzen und gemeinsam Strategiespiele oder Ähnliches spielen zu können.

Sehr beliebt bei den Online-Spielen sind solche, in denen der Spieler die Rolle einer Figur annimmt und mit ihr ein »zweites Leben« virtueller Art verbringt. Ähnlich wie eine Maskerade im Karneval erleben sich die Spieler in einer solchen virtuellen Welt häufig ganz anders als im normalen Leben. So wird ein schüchterner Junge im Spiel beispielsweise zu einem Helden. Virtuell lässt sich eine Familie gründen, ein Haus bauen, gemeinsam mit anderen Spielern feiern oder es werden Konflikte und Debatten geführt. Auch Hörsäle und Konferenzräume lassen sich besuchen, was von einigen Unternehmen sogar tatsächlich genutzt wird, um virtuelle Konferenzen abhalten zu können. Der Vorteil im Vergleich zu einer reinen Telefonkonferenz liegt in der Kombination aus reellen Beiträgen der Teilnehmer und einer virtuellen optischen Gestaltung der Räumlichkeiten – eben so, als wäre man wirklich vor Ort und würde miteinander diskutieren.

Allein 2007 haben sich 1,5 Millionen Nutzer bei »Second Life« angemeldet und waren mindestens einmal eingeloggt.

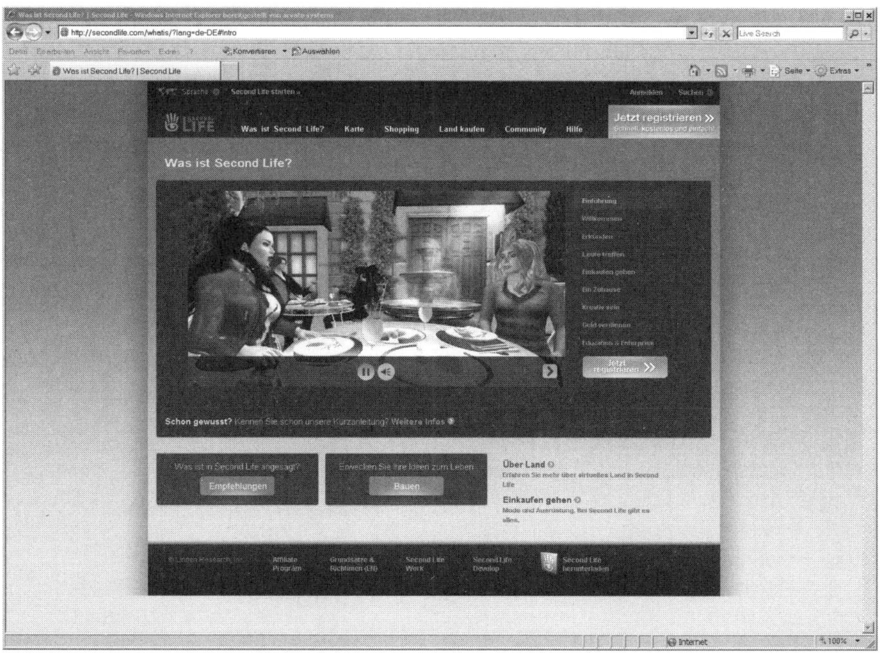

http://secondlife.com/whatis?lang=de-DE – mit »Second Life« ein zweites, virtuelles Leben leben

Während die Grundfunktionen des Spiels kostenlos sind, muss für eine »Sonderausstattung« der Spielfigur oder die Nutzung von Land (wie im wahren Leben auch) eine Gebühr bezahlt werden. Hierzu kennt das Programm sogar eine eigene Währung, in die die realen Euro umgetauscht werden können. Auch Geld verdienen kann man in »Second Life«, beispielsweise durch das Angebot von Dienstleistungen. Die anderen Mitspieler, die an dem Angebot interessiert sind, bezahlen ihr virtuelles Geld direkt an den Anbieter.

Ein solcher, neu entstehender Markt ruft natürlich auch geschäftstüchtige Zeitgenossen auf den Plan, die hierbei ein Geschäft wittern und ein Stück des Kuchens für sich beanspruchen möchten. So sollen in Asien beispielsweise Kinder beschäftigt werden, die stundenlang Computerspiele durchspielen müssen, um Codes für höhere Spiellevel zu erhalten, die dann an zahlungskräftige Spieler verkauft werden.

Der hauptsächliche Unterschied zwischen Online-Spielen und anderen Computerspielen besteht darin, dass sie eine zuvor nicht definierte Spieldauer aufweisen. Hier gibt es keine Levels, die gemeistert werden müssen, um ganz zum Schluss die Prinzessin vor einem bösen Monster retten zu können und das Spiel damit zu beenden. Die virtuelle Welt der Online-Spiele kennt kein Ende, solange die Nutzerzahlen stimmen und der Anbieter nicht Konkurs anmeldet. Das Spiel läuft 24 Stunden lang an 365 Tagen im Jahr – auch dann, wenn ein Spieler sich ausloggt. Dies beinhaltet einerseits eine gewisse Faszination, birgt aber gleichzeitig auch die Gefahr, dass das Abschalten erschwert wird, da der Spieler nie weiß, was in seiner Abwesenheit passieren könnte. Und so verbringt so mancher Spieler mehrere Stunden am Tag mit einem Online-Spiel und hält sich länger in der virtuellen Welt auf als in der Realität.

Dennoch können Computerspiele durchaus einen positiven Effekt auf die Nutzer ausüben. Die meisten Spiele fördern aktives Handeln und Denken und sprechen auf diese Weise mehrere Sinneskanäle gleichzeitig an.

Computerspiele unterstützen das aktive und kritische Denken sowie das Erlernen von notwendigen Fähigkeiten – Unterhaltung und Lernen werden so zum simultanen Erlebnis. Verschiedene Kompetenzen werden geschult und ausgebildet, sogar soziale Kompetenzen: Auch wenn der Spieler allein vor dem heimischen Rechner sitzt, tritt er mit anderen Mitspielern in Kontakt; in Fan-Communitys weisen erfahrene Spieler andere in Spielstrategien ein und geben ihnen Tipps. Nicht zuletzt lernen die Heranwachsenden anhand von Computerspielen den Umgang mit Eingabemedien wie etwa der Maus sowie mit Computer- und Kommunikationstechnologien allgemein.

Da vor allem der Bereich der Online-Spiele unüberschaubar ist, ist eine Überprüfung hinsichtlich ihrer Eignung für Kinder und Jugendliche nur schwer realisierbar. Während Spiele auf einem Datenträger (zum Beispiel CD-ROM oder DVD) dem Jugendschutzgesetz und der Bewertung der Unterhaltungssoftware Selbstkontrolle (USK) unterliegen, gelten für Spiele, die ausschließlich über das Internet abrufbar sind und gespielt werden, die Regelungen des Jugendmedienschutz-Staatsvertrages. Aus diesem Grund sind an dieser Stelle wieder einmal Sie gefragt: Achten Sie auf das Surfverhalten Ihres Kindes und zeigen Sie Interesse für die Spiele, die Ihr Kind online spielt. Schauen Sie ihm von Zeit zu Zeit über die Schulter und lassen Sie sich den Spielverlauf erklären. Spielen Sie gegebenenfalls gemeinsam mit Ihrem Kind eine Runde.

Stufe 4
Haben Computerspiele einen Mehrwert für das Kind?

Zunächst einmal sei an dieser Stelle trotz der im folgenden Abschnitt beschriebenen Gefahren betont: Nicht alle Computerspiele sind schlecht! Es gibt durchaus solche, die wichtige Kompetenzen ausbilden und fördern, wie etwa Kreativität, Problemlösestrategien und Konfliktfähigkeit. Computer- und Videospiele können positive Gefühle auslösen und zu Erfolgserlebnissen führen und bieten oftmals eine Möglichkeit, aus der vielfach normierten Welt des Alltags für eine gewisse Zeit auszubrechen.

Auch Lernprogramme zählen durchaus zu den Computerspielen, die neben den oben erwähnten Kompetenzen zusätzlich fachliche Kompetenzen (kognitives Wissen) vermitteln und damit einen Nutzen für die Entwicklung des Kindes haben.

Wichtig ist jedoch, dass Sie sich als Eltern einen Überblick über die spielerischen Vorlieben Ihres Kindes verschaffen, um ihm gegebenenfalls erklärend, beratend oder einschreitend zur Seite stehen zu können. Schauen Sie sich gemeinsam möglicherweise interessante Spiele an und entscheiden Sie gemeinsam, welches Spiel geeignet und auch spannend genug ist, um Ihr Kind zu faszinieren und zu motivieren. Bei dem auf diese Weise ins Auge gefassten Spiel muss es sich keineswegs um ein reines Lernprogramm handeln. In einem gewissen Alter gilt sowieso alles, was auf irgendeine Weise mit Schule oder dem Lernen in Verbindung gebracht werden könnte, als Teufelswerk.

Spiele gibt es bereits seit Menschengedenken. Mit ihnen lässt sich herrlich entspannen, aber auch mit anderen Menschen kommunizieren. Ebenso können Gemeinsamkeiten erlebt werden. Das gilt für Klassiker wie »Mensch ärgere dich nicht« genauso wie für moderne Computer- und Videospiele.

Auf spielerische Weise lassen sich Regeln erlernen; außerdem erhalten Kinder und Jugendliche Strategien, mit schwierigen Situationen, Verlusten und Niederlagen umzugehen.

Gespielt wird natürlich in der Regel nicht, um etwas zu lernen – dies geschieht quasi nebenbei, oftmals unbemerkt von den Beteiligten. Vielmehr dienen Spiele, und so auch Computerspiele, dem Zeitvertreib (zum Beispiel während einer langen Autofahrt oder während eines Langstreckenfluges) und der bereits angesprochenen Kommunikation (zum Beispiel »Tabu« oder Online-Spiele, bei denen sich Gruppen bilden müssen, um gemeinsam eine Aufgabe erfüllen zu können).

Für die Attraktivität eines Spiels ist es von großer Bedeutung, dass solche höheren Ziele nicht allzu offenkundig sind, sondern sich vielmehr unbemerkt als Nebenprodukt einschleichen. Ein Vokabeltrainer, bei dem der Reihe nach Begriffsbedeutungen abgefragt werden, haut den Nutzer wohl weniger vom Hocker als ein Spiel, bei dem in der Fremdsprache kommuniziert werden muss, um eine Aufgabe oder ein Level zu überwinden.

Viele Computerspiele fördern somit »ganz nebenbei« wichtige Kompetenzen. Der Spieler muss eine Reihe von Aufgaben erfüllen, was eine ausgeprägte Problemlösekompetenz verlangt. Darüber hinaus müssen sich die Nutzer auf das Spiel konzentrieren und stets aufmerksam sein, um in keine Falle zu geraten oder keinen entscheidenden Hinweis auf ein weiteres Fortkommen zu verpassen.

Computerspiele verlangen häufig eine schnelle Reaktion. Spielsituationen können sich schlagartig ändern, worauf der Spieler umgehend reagieren muss, um nicht frühzeitig auszuscheiden. Er muss während des Spielverlaufs eine Reihe von Entscheidungen treffen, die oftmals durch Nachdenken und strategisches Handeln erschlossen werden können, manchmal aber auch nach dem Prinzip »Versuch und Irrtum« (Ausprobieren verschiedener Alternativen) eruiert werden. Auf diese Weise lassen sich natürlich auch Misserfolge nicht vermeiden. Auch damit müssen die Heranwachsenden umzugehen lernen, um aus den spielerischen Erfahrungen Konsequenzen für das eigentliche Leben ableiten zu können.

Insbesondere Rollenspiele fördern darüber hinaus die Kreativität und die Fantasie der Spieler, die sich nicht nur in eine Geschichte hineinversetzen müssen, sondern auch die Gewohnheiten und die Rolle ihres gewählten Charakters annehmen müssen und aus dessen Perspektive Handlungsalternativen ableiten.

Wissenschaftlichen Untersuchungen zufolge fördern Computerspiele außerdem Koordinationsfähigkeiten, die Reaktion auf zu erwartende und unvorhersehbare Ereignisse, die Aufmerksamkeit sowie den Umgang mit Stresssituationen.

Das gemeinsame Spielen mit vor Ort vernetzten Rechnern oder über das Internet mit Nutzern, die dem Spieler nicht einmal bekannt sein müssen, gehört bei modernen Video- und Computerspielen mittlerweile zum Standard und fördert, wie bereits erwähnt, soziale Kompetenzen, da miteinander kommuniziert und Strategien überlegt werden müssen, um gemeinsam zum Ziel zu gelangen.

Selbstverständlich lassen sich derartige Kompetenzerwerbe nicht erzwingen. Ob dies wirklich geschieht, hängt nicht allein vom Spielgenre ab, sondern auch, wie sehr es den Spieler für sich einzunehmen und zu faszinieren vermag. Darüber hinaus hängt ein Aufbau von Kompetenzen nicht zuletzt von der Persönlichkeitsstruktur des Spielers ab und ob dieser bereit und fähig ist, die entsprechende Kompetenz auszubauen.

Dasselbe gilt auch für die zunehmende Zahl an Lernspielen auf dem Markt. Bei ihnen steht der Erwerb von Kompetenzen, das Lernen, eindeutig im Vordergrund.

⚠ Achten Sie insbesondere bei Lernspielen darauf, dass der Spielspaß nicht zu kurz kommt. Sonst wird Ihr Kind das Spiel bereits nach kurzer Zeit nicht mehr hervorholen und es versinkt im Nirwana des Kinderzimmers. Wichtig ist auch bei Lernspielen, dass diese das Kind ansprechen, thematisch interessieren sowie fördern und fordern. Letzteres bedeutet, dass das Spiel nicht zu einfach konzipiert sein soll und vom Niveau her allmählich anspruchsvoller wird.

Stufe 5
Welche Gefahr geht von Videospielen aus?

Insbesondere nach Amokläufen an Schulen melden sich regelmäßig Forscher zu Wort, die über das Pro und Contra von Computerspielen und insbesondere den »Killerspielen« in heftige Auseinandersetzungen treten. Die einen weisen Computerspielen die Ausbildung von Konfliktlösestrategien, Reaktionsschnelligkeit sowie Problemlösungskompetenz nach, während andere befürchten, dass Videospiele die Emotionsregulation negativ beeinflussen, zur Isolation führen und das Aggressionspotenzial erhöhen.

Zwar liegen derzeit noch keine eindeutigen Ergebnisse der Forschung bezüglich einer zunehmenden Aggression durch Computerspiele vor. Einige ernst zu nehmende Studien belegen jedoch, dass kurz nach dem Spiel die Aggressionsbereitschaft steigt. Die Probanden zeigten bei diesen Untersuchungen ein kurzfristig erhöhtes aggressives Verhalten, eine aggressivere Wahrnehmung und auch aggressivere Gemütszustände. So bewerteten sie nach dem Spiel eine Handlung eher als feindselig als die Vergleichsgruppe, die zuvor kein gewalthaltiges Spiel genutzt hatte.

Fünf theoretische Ansätze der Gewaltforschung

Fünf grundsätzliche Theorien beschäftigen sich mit der Fragestellung, ob und auf welche Weise Computer- und Videospiele das Gewaltpotenzial bei ihren Nutzern beeinflussen:

- *Stimulationstheorie*
  Diese legt die Annahme zugrunde, dass Spiele mit einem aggressiv ausgelegten Konzept die Gewaltbereitschaft bei ihren Nutzern erhöhen.
- *Habitualisierungstheorie*
  Spiele mit einem hohen Gewaltpotenzial stumpfen den Spieler ab und gewöhnen ihn auf diese Weise an Szenen der Gewalt sowie an das Ausüben derselben.
- *Inhibitionstheorie*
  Spiele mit einem gewalthaltigen Inhalt erzeugen Angst im Nutzer und bewirken eine kritische Auseinandersetzung in ihm, was zur Hemmung seiner Aggressionsbereitschaft führt.
- *Katharsistheorie*
  Was Aristoteles für das Theater beschrieb, gilt laut einigen Forschungsergebnissen auch für Computerspiele: Durch das fiktive Erleben von Spannungen und Gewalt werden diese im Betrachter (Spieler) abgebaut und es wird so seine Aggressionsbereitschaft verringert.
- *Wirkungslosigkeitstheorie*
  Diesem Ansatz nach hat Gewalt in Computer- und Videospielen überhaupt keine Wirkung auf den Spieler.

Wenn auch die beiden letzten Ansätze mittlerweile durch empirische Untersuchungen widerlegt werden konnten, gehen die Forschungsergebnisse noch immer weit auseinander. Eines jedoch ist sicher: Einen einzigen Erklärungsansatz, ob und wieweit Computer- und Videospiele einen Einfluss auf das Aggressionspotenzial ihrer (jugendlichen) Konsumenten haben, wird es nicht geben. Vielmehr sind es vielschichtige Motive und Voraussetzungen, die eine Steigerung der Gewaltbereitschaft fördern.

Langzeitstudien kommen indes zu dem Ergebnis, dass Gewalt und eine erhöhte Aggression in der Regel mehr als eine Ursache haben und damit nicht ausschließlich auf das Computerspielen geschoben werden können. Soziale Isolation, fehlende Freunde oder ein zerrüttetes Elternhaus sind wichtigere Faktoren als das Spielen von Killerspielen allein.

Während einige Wissenschaftler in Computer- und Videospielen eine »Katharsis« sehen, das heißt, durch das Betrachten oder das spielerische »Erfahren« von Gewalthandlungen erfolgt ein Abbau der eigenen Aggressionen, sehen andere eher die Gefahr darin, dass durch den spielerischen Umgang mit Gewalt in Computerspielen diese gelernt und nachgeahmt wird. Wieder andere warnen davor, dass durch den permanenten Konsum von gewalttätigen Darstellungen die eigene emotionale Sensibilität abstumpft und die Gewalt als etwas Alltägliches erkannt wird.

Untersuchungen mit Kindern, die ein gewalttätiges Spiel gespielt hatten, bestätigen diese Vermutung. Als ihnen nach dem Spielen emotional belastende Bilder vorgelegt wurden, zeigten sie weniger Mitgefühl als die Kinder, die zuvor ein gewaltloses Computerspiel gespielt hatten.

Als besonders gefährlich in diesem Zusammenhang gelten die schon erwähnten Ego-Shooter – Spiele, in denen der Spieler Menschen, Aliens oder andere Wesen aus der Ich-Perspektive töten muss. Durch diese Perspektive wird das Spiel ungeheuer realistisch. Sie sorgt dafür, dass sich der Spieler mit seiner Figur identifiziert. Eine Abgrenzung zwischen Fiktion und Realität wird dabei allerdings enorm erschwert.

»Warum sind gerade gewalthaltige Spiele bei Jugendlichen so beliebt?«

Fragt man die Heranwachsenden nach ihrem favorisierten Computer- oder Videospiel, stehen meist solche an erster Stelle, in denen sie als Spieler zu gewalthaltigen Handlungen gezwungen sind, um das Spiel erfolgreich absolvieren zu können. Ein wesentlicher

Grund für diese Popularität ist die der Ausübung von Macht. In dieser fiktiven Welt kann der Spieler weitab seiner eigenen Realität eine vollständige Kontrolle über das (Spiel-)Geschehen ausleben und ist anderen Charakteren überlegen. Ein weiterer Grund liegt in der Möglichkeit, durch das Spielen zum Beispiel eines »Ballerspiels« eine gesellschaftliche Grenze zu überschreiten, ein Tabu zu brechen. Gelten solche Spiele als gesellschaftlich nicht angesehen, oder sind sie sogar verboten, kann dies eine zusätzliche Motivation für den Heranwachsenden bedeuten.

Stehen die Theorien und wissenschaftlichen Erkenntnisse darüber, ob und inwieweit Computer- und Videospiele zu erhöhtem Gewaltpotenzial und einer vermehrten Aggressionsbereitschaft unter ihren Nutzern führen, auch noch immer sehr mannigfaltig und konträr zueinander, zeigen Untersuchungen jedoch eindeutig, dass die Dauer und die Intensität des Spielens sehr wohl einen Einfluss auf das Verhalten eines Spielers im wahren Leben haben können.

Probanden, die einem Spiel besonders hohe Aufmerksamkeit schenkten, die sich also stark in die virtuelle Welt haben mitreißen lassen, zeigten eine höhere Bereitschaft, Elemente aus der Welt ihres Computerspiels auf die reale Welt zu übertragen. Dies gilt allerdings in erster Linie für gewaltfreie Spiele, da die Hemmschwelle, Gewalt auch in der realen Welt anzuwenden, im Rahmen der Untersuchungen nicht überschritten wurde. Vielmehr lehnten die meisten Probanden Gewalt ab, auch nachdem sie ein entsprechendes Spiel gespielt hatten.

Über die oben dargelegten Gefahren von Computerspielen hinaus ist allerdings die Vorerfahrung der Jugendlichen von großer Bedeutung: Erleben sie bereits im familiären Umfeld Gewalt, ist die Wahrscheinlichkeit groß, dass sie diese für ihr eigenes Handeln übernehmen. Ihre Frustration über die familiäre Situation, die allgemeine Perspektivlosigkeit oder enttäuschende Leistungen in der Schule münden nicht selten in Gewalt, die sie an anderen, zumeist wehrlosen Schülerinnen und Schülern auslassen.

Ein wichtiger Aspekt in der Ursachenforschung der zunehmenden Gewalt von Kindern und Jugendlichen ist wohl auch die Tatsache der Gettobildung einiger Vororte oder Viertel von Großstädten. Zwar nehmen diese (noch) nicht die Ausmaße an, wie man sie etwa von den Vereinigten Staaten kennt, dennoch gestaltet sich die Kontrolle über diese Siedlungen als vergleichbar schwierig. Es sind vom Rest der Stadt abgetrennte Gebiete, in denen sich eine Parallelgesellschaft bildet, fernab der normalen Wirklichkeit, in der Aufklärung und Bildung keinen Stellenwert haben, ja sogar verachtet werden. In dieser Welt, in der viele Bewohner arbeitslos sind und aus diesem Grund keine Perspektive für sich selbst sehen und ihren Kindern demnach auch keine Hoffnung vorleben können, hat die Vorstellung Einzug gehalten, dass auch Bildung sie nicht weiterbringt. Es ist diesen Menschen gleichgültig, ob sie nun mit oder ohne Schulabschluss Sozialhilfe beantragen müssen. Viel wichtiger als eine schulische Ausbildung ist für sie, Beachtung von ihren Mitschülerinnen und Mitschülern zu erhalten. Dazu gehört Coolness und Stärke, und eben auch eine permanente und möglichst rücksichtslose Gewaltbereitschaft. Respekt bekommt, wer cool und stark ist, die angesagte Kleidung trägt und wer die richtigen Freunde hat.

⚠ **Achten Sie auf die Inhalte der Spiele Ihres Nachwuchses. Schauen Sie auf die Altersfreigabe und spielen Sie einige Züge gemeinsam mit Ihrem Kind oder getrennt voneinander, um sich ein konkretes Bild über das Spiel machen zu können.**

64 Prozent der Heranwachsenden haben bereits Spiele gespielt, die nicht für ihre Altersstufe geeignet waren. Das verbindliche Empfehlungssiegel der USK (siehe Seite 193) lässt sich dabei leicht umgehen: Wer ein Spiel haben will, das nicht für seine Altersgruppe freigegeben ist, bekommt es auch, trotz Aufkleber und Einschränkungen (zum Beispiel Kauf durch älteren Freund, Raubkopie etc.).

Einer aktuellen Studie zufolge (Rehbein, Kleimann und Mößle 2009) liegt Deutschland im Mittelfeld der Computerspielsüchtigen. Drei Prozent aller männlichen Schüler zeigen eine Abhängigkeit, weitere 4,7 Prozent zählen zu den gefährdeten Personen. Demgegenüber stehen »lediglich« 0,3 Prozent spielsüchtige Mädchen sowie 0,5 Prozent gefährdeter.

»Wann ist mein Kind onlinesüchtig?«

Als Erster sprach bereits 1995 der amerikanische Psychiater Ivan Goldberg von einer Onlinesucht. Damit beschrieb er ein exzessives Verhalten in Bezug auf neue Medien, das einhergeht mit den üblichen Kennzeichen einer Abhängigkeit:

- Kontrollverlust über den eigenen Spielkonsum
- Entwicklung einer Toleranz (es werden mehr und extremere Inhalte benötigt)
- Regulation von negativen Gefühlszuständen (zum Beispiel wird gespielt, um einer Angelegenheit aus dem realen Leben zu entfliehen)
- entzugsähnliche Erscheinungen
- Vernachlässigung anderer (sozialer und beruflicher) Aktivitäten und eigener Interessen

Die Tatsache, dass Ihr Kind vielleicht häufig vor dem Rechner sitzt, bedeutet also nicht zwangsläufig ein Suchtverhalten.

Sollten Sie unsicher sein oder die Befürchtung haben, dass Ihr Kind eine Abhängigkeit entwickelt hat oder diesbezüglich gefährdet ist, nehmen Sie Kontakt auf mit einer Anlaufstelle für Suchtkranke, wie etwa pro familia, oder einer Suchtberatung in Ihrer Umgebung.

Das hauptsächliche Gefährdungspotenzial im Sinne der Ausprägung einer Abhängigkeit liegt insbesondere in Online-Spielen, Chats und sozialen Netzwerken (siehe Level 1). Allein in Deutschland nutzen rund 6,9 Millionen Menschen Facebook, bei StudiVZ und Wer-kennt-wen sind es jeweils 6,8 Millionen Menschen (Stand März 2010) mit zum Teil mehreren hundert registrierten »Freunden«. Interessant an dieser Zahl ist, dass die durchschnittliche Anzahl an Freunden im wahren Leben bei 15 liegt.

Eine weitere Gefahr besteht darin, dass das schulische Verhalten negativ beeinflusst werden kann. Das Computerspielen verlangt – genauso wie das Surfen im Internet – viel Zeit, die an anderer Stelle (zum Beispiel bei der Erledigung der Hausaufgaben oder der Vorbereitung auf Klassenarbeiten und Klausuren) eingespart werden muss.

»Warum sind denn gerade Kinder gefährdet?«

Die Antwort auf diese Frage ist naheliegend und dennoch von vielschichtiger Natur. Zwar erlernen Kinder und Jugendliche wesentlich schneller den Umgang mit dem Computer und seinen Anwendungen und Spielen als die meisten Erwachsenen, weil er für sie einfach seit jeher zum Alltag dazugehört. Sie besitzen keine Hemmungen, etwas Neues auszuprobieren, und stürzen sich mit Begeisterung in jedes neue Level ihres Lieblingscomputerspiels. Gerade hier liegt aber auch die Gefahr. Ein allzu unkritischer, unreflektierter Umgang mit dem Computer und den Inhalten in Videospielen, also die mangelnde Ausprägung einer umfassenden Medienkompetenz, macht es ihnen schwer, richtige und wichtige Informationen von falschen zu unterscheiden und Realität von Fiktion zu abstrahieren. Darüber hinaus mangelt es den meisten von ihnen daran, die Dauer ihrer Mediennutzung auf ein sinnvolles Maß zu reduzieren, sowie andere Dinge in ihrem Leben nicht zu vernachlässigen.

Zwar kann die Schule Medienkompetenz unter den Schülerinnen und Schülern ausbauen, indem sie die Kinder und Jugendlichen im Fachunterricht an geeigneter Stelle mit Medien konfrontiert und über die Gefahren aufklärt und Handlungsalternativen erarbeitet, dies kann aber langfristig nur dann Erfolg versprechend sein, wenn dies auch vom Elternhaus unterstützt wird.

Vereinbaren Sie aus diesem Grund feste Regeln und Zeiten mit Ihrem Kind, zu denen es am Computer spielen darf. Bestehen Sie darauf, dass zunächst die schulische Pflicht erledigt wird, und kontrollieren Sie dies gegebenenfalls.

Regeln sollten transparent und damit nachvollziehbar und auf die Sache beschränkt sein. Die Vermittlung solcher Regeln erfolgt auf angemessene, ruhige und sachliche Weise, sodass dem Kind die Bedeutung und Notwendigkeit der Einhaltung bewusst wird. Dies schließt ein, dass nur wichtige Regeln aufgestellt werden und dass sie nicht ständig erneuert, sondern nur hin und wieder um notwendige Zusätze erweitert werden.

Schließen Sie durchaus Verträge mit Ihrem Kind ab und formulieren Sie Konsequenzen auf beiden Seiten (!) bei Nichteinhaltung. Wichtig ist dabei, dass die Konsequenzen nicht nur angedroht, sondern auch konsequent eingehalten werden. Der österreichische Psychotherapeut, Kommunikationswissenschaftler und Autor Paul Watzlawick hat diesbezüglich herausgefunden, dass Drohungen glaubhaft, das heißt überzeugend sein müssen, um ernst genommen zu werden und um ihr Ziel erreichen zu können. In unserem Fall bedeutet dies, dass die Androhung der Konsequenz und ihr Grund vom Kind verstanden werden müssen.

Oft wird emotionsgeladen mit zu hohen, nicht einzuhaltenden Strafen gedroht. Auch diese verfehlen nach Watzlawick ihr Ziel, denn Drohungen wie im folgenden Beispiel werden vom Empfänger nicht mehr ernst genommen:

Max weigert sich, seine Spielkonsole beiseitezulegen, um endlich die Hausaufgaben zu erledigen.

Mutter: »Wenn du nicht sofort deine Hausaufgaben erledigst, bekommst du fünf Wochen Hausarrest!«

Würde die Mutter fünf Wochen wirklich durchhalten?

Durch das schriftliche Fixieren von Regeln und Konsequenzen wird Willkür vermieden, indem ein resultierendes Verhalten vom Kind klar eingeschätzt werden kann und beeinflussbar ist. Kinder benötigen mehr noch als Erwachsene eine vorhersehbare Welt, in der morgen dieselben Regeln gelten wie heute. Das bedeutet allerdings kein starres, unveränderliches System, sondern verlangt, dass auch unterschiedliche Regeln, beispielsweise bei verschieden alten Kindern, Anwendung finden.

Ein weiterer Aspekt, der an dieser Stelle nicht verschwiegen werden sollte, ist die in der Öffentlichkeit häufig bagatellisierte Gefahr, dass die jugendlichen Nutzerinnen und Nutzer über Computerspiele bisweilen unrechtmäßige Handlungen ausüben. Um sich das knappe Taschengeld zu sparen, laden sich nämlich viele von ihnen das begehrte Computerspiel von einschlägigen Seiten aus dem Internet (vor allem in sogenannten Tauschbörsen) herunter oder tauschen in der Schule CD-ROMs mit ihren Freunden aus. Darauf enthalten sind Raubkopien, das heißt illegal erstellte Kopien eines Datenträgers, bei denen meist auch der Kopierschutz entfernt wurde.

»Was ist eigentlich eine Raubkopie?«

Als Raubkopien werden alle illegalen Vervielfältigungen urheberrechtlich geschützten Materials verstanden, in unserem Falle Software. Das bedeutet, dass jeder, der eine Kopie eines Spiels an Freunde oder Bekannte weitergibt, tauscht oder gar verkauft, gegen das Urheberrecht verstößt und sich dementsprechend strafbar macht.

Die Zahlen sind erschreckend, wenn auch nicht überraschend: Allein in Deutschland werden pro Jahr mehr als 50 Millionen CD-ROMs und DVDs zum Kopieren von Computer- und Videospielen verwendet. Rechnet man diese Zahl um, kommt man auf einen Tagessatz von mehr als 140 000 Exemplaren. Das heißt, in jeder Stunde werden mehr als 6 000 CD-ROMs illegal hergestellt. Tag für Tag, Nacht für Nacht. Auf diese Weise entsteht der Industrie ein Schaden von geschätzten 300 Millionen Euro.

Klären Sie Ihr Kind daher nicht nur über die allgemeinen Gefahren von Computerspielen auf, sondern weisen Sie es auch darauf hin, dass es sich strafbar macht, wenn es mit Raubkopien handelt. Im Zweifelsfall werden nämlich Sie als Erziehungsberechtigte zur Verantwortung gezogen.

Achten Sie auf das Nutzungsverhalten Ihres Kindes. Wenn Sie den Eindruck haben, Computer- und Videospiele nehmen einen Großteil der Freizeit Ihres Kindes in Anspruch, zeigen Sie ihm Alternativen auf und suchen Sie das Gespräch über die Beweggründe, derart viel Freizeit vor dem Rechner zu verbringen. Machen Sie gegebenenfalls Angebote für ein alternatives Freizeitprogramm (zum Beispiel Anmeldung im Sportverein, gemeinsamer Nachmittag im Freien etc.).

Sprechen Sie mit Ihrem Kind auch konkret über seine Lieblingsspiele. Was genau fasziniert daran? Worum geht es in dem Spiel? Welche Rolle nimmt Ihr Kind in dem Spiel ein? Warum identifiziert es sich gerade mit dieser Rolle?

Achten Sie auf die Altersfreigabe und thematisieren Sie diese mit Ihrem Kind. Ein reines Verbot macht an dieser Stelle wenig Sinn, da Ihr Kind dann weiterspielt, wenn Sie es nicht mitbekommen (zum Beispiel bei einem Freund). Begründen Sie vielmehr, warum das Spiel (noch) nicht für Ihr Kind geeignet ist, und machen Sie alternative Vorschläge für altersgerechte Computerspiele.

Führen Sie auch ein Gespräch mit Freunden Ihres Kindes, deren Eltern und seinen Lehrern über die Nutzung von Computerspielen und wie sie von diesen Gruppen gehandhabt wird.

Neben den in der Öffentlichkeit rege diskutierten Gefahren einer möglichen Steigerung des Aggressionspotenzials bei regelmäßig spielenden Computernutzern stellen auch die plakativen und auf wenige plakative Muster begrenzten Inhalte der Spiele die Möglichkeit einer negativen Einflussnahme dar. So ist es in Videospielen in der Regel der starke, männliche Held, der die hilflose Prinzessin befreit. Die Gesellschaft wird auf ihre ökonomischen Aspekte reduziert, in der das Hauptanliegen darin besteht, möglichst viel Geld zu erwirtschaften, für das sich alles kaufen lässt. Zu bekriegen sind häufig autoritäre Diktatoren, die ihr Volk unterdrücken und die gesamte Welt zu vereinnahmen drohen. Emotionale und empathische Inhalte wie etwa das Mitfühlen mit den Opfern sucht man in Computer- und Videospielen dagegen vergebens.

Neben einer reinen Fokussierung auf die Fragestellung, ob und wenn ja, in welchem Maße Gewalt in Spielen Auswirkungen auf ihre (heranwachsenden) Nutzer hat, sollte daher generell überlegt werden, welche Darstellungen gesellschaftlich tolerabel sind und welche grundsätzlich nicht akzeptiert werden können. Hierzu zählen beispielsweise all jene Szenen, die sich als menschenverachtend (hierzu zählen etwa auch pornografische Spiele), erniedrigend oder rassistisch entpuppen oder ansonsten moralisch bedenklich erscheinen.

Schauen Sie sich die Spiele Ihres Kindes daher auch aus diesem Blickwinkel an und sprechen Sie mit ihm über die dargestellten Szenen. Informieren Sie sich über die Spiele Ihres Kindes auch durch Rezensionen und Berichte in Fachzeitschriften.

Insbesondere bei Online-Spielen droht die Gefahr, dass Kinder und Jugendliche mit ungeeigneten Inhalten konfrontiert werden, da es aufgrund des unüberschaubaren Angebotes in der Regel keine Altersfreigabe für dieses Spielgenre gibt. Schauen Sie sich daher die Spiele selbst an, die Ihr Kind spielen möchte, und lassen Sie sich die Spielzüge und den Inhalt erklären. Spielen Sie zu Anfang gemeinsam mit Ihrem Kind oder verschaffen Sie sich einen eigenen Zugang, um ein Gefühl für das Spiel zu erhalten.

Online-Spiele stellen ähnlich wie Videos und Musikdateien einen idealen Nährboden dar für Würmer, Trojaner und andere Viren. Gegen diese Gefahr hilft nur eine ausreichend gute und aktuelle Antivirensoftware (vgl. Abschnitt »Von Würmern, trojanischen Pferden und anderen Viren«, Seite 98 ff.).

Achten Sie bei Online-Spielen ferner auf anfallende Kosten. Längst nicht alle Spiele, die sich im Netz herunterladen oder spielen lassen, sind kostenfrei (das heißt in der Regel durch Werbung finanziert) zugänglich. Vereinbaren Sie mit Ihrem Kind, dass Sie vor Beginn eines Online-Spiels gefragt werden, um sich einen Überblick über das Spiel und möglicherweise anfallende Kosten (in den Allgemeinen Geschäftsbedingungen) verschaffen zu können. Sensibilisieren Sie Ihr Kind in diesem Zusammenhang dafür, niemals eine Schaltfläche mit »OK« zu bestätigen, ohne sich ausführlich mit den Konsequenzen beschäftigt bzw. Rücksprache mit Ihnen gehalten zu haben.

Wie bereits weiter oben erläutert wurde, bergen insbesondere Online-Spiele ein erhöhtes Abhängigkeitspotenzial, da es hierbei in der Regel keine zeitlichen Begrenzungen (zum Beispiel in Form absolvierter Levels und einem Endziel) gibt, sondern die Plattform und die Charaktere stets weiterentwickelt werden. Darüber hinaus erleben die Spieler in virtuellen Welten häufig ein völlig anderes Leben als ihr reales Alter Ego – sie erschaffen sich eine attraktive Spielfigur, die stark ist, vermögend und begehrenswert, die ihnen den Weg zurück in die häufig monotone, sorgenvolle Realität zunehmend erschwert. Ein zunehmender Realitätsverlust kann eine ernst zu nehmende Folge sein.

Setzen Sie unbedingt Grenzen und halten Sie diese auch konsequent ein. Erwachsenenspiele sowie solche mit jugendgefährdenden Inhalten sind nicht für Kinder und Jugendliche geeignet und sollten von ihnen nicht gespielt werden.

Bedenken Sie bei all diesen Tipps die Grundregel, dass Verbote, die nicht erläutert und gemeinsam besprochen werden, eher kontraproduktiv sind, da sie das Kind neugierig machen. Gerade im Hinblick auf Computerspiele ist es für Ihr Kind ein Einfaches, Ihre Verbote zu umgehen, ohne dass Sie etwas davon mitbekommen (zum Beispiel durch das Spielen bei einem Freund). Diese Gefahr der Verlockung können Sie nur dadurch reduzieren, dass Sie durch gemeinsame Gespräche ein Verständnis in Ihrem Kind schaffen dafür, dass das Spiel tatsächlich nicht geeignet für es ist.

Ist mein Kind anfällig für Gewalt in Computerspielen?

Heranwachsende sind besonders anfällig für Gewalt in Computer- und Videospielen und geneigt, die medial erlebte Aggression auch im realen Leben auszuleben, wenn einer oder mehrere der nachfolgenden Faktoren zutreffend sind:

- Ihr Kind ist im Grundschulalter oder jünger. Kinder in diesem Alter können noch nicht entscheiden, was moralisch richtig und was falsch ist. Wird ihnen in einem Gewaltspiel suggeriert, dass sie durch das Töten von Charakteren weiterkommen, also quasi dafür belohnt werden, kann dies Konsequenzen auch in ihrer realen Welt haben.
- Ihr Kind hat eine Vorliebe für gewalthaltige Spiele entwickelt.
- Ihr Kind kann Probleme mit Gleichaltrigen oder anderen Mitmenschen nicht lösen.
- Ihr Kind hat seine Gefühle nicht unter Kontrolle.
- Ihr Kind ist häufig gereizt.
- Ihr Kind ist häufig frustriert/leicht beleidigt.
- Ihr Kind wächst in einem aggressiven Umfeld auf.

Stufe 6
Welches Spiel ist für mein Kind geeignet?

Bei der Entscheidung, welches Spiel eine geeignete Unterhaltung für Ihr Kind ist und welches es eher gefährdet, können Sie von verschiedenen Verbänden Unterstützung erwarten. Nachfolgende Seiten im Internet beispielsweise bieten Ihnen eine Aufstellung empfehlenswerter Computerspiele für Kinder und Jugendliche:

- www.usk.de (Homepage der Unterhaltungssoftware Selbstkontrolle)
- www.spielbar.de (interaktive Plattform der Bundeszentrale für politische Bildung zum Thema Computerspiele)

⚠ **Achten Sie darauf, welche Computerspiele Ihr Kind nutzt, und reden Sie mit ihm über seine Lieblingsspiele. Fragen Sie, was das Besondere an dem Spiel ist, was Ihr Kind vor allem daran fasziniert. Lassen Sie sich erklären, was das Ziel des Spiels ist.**
Vereinbaren Sie feste Zeiten, an denen Ihr Kind mit dem Computer spielen darf (zum Beispiel eine Stunde nach der Erledigung der Hausaufgaben), und achten Sie auf ausreichend alternative Beschäftigungen (reale Treffen mit Freunden, Sport).
Stellen Sie Ihrem Kind eine Auswahl an geeigneten, an seine Interessen und Vorlieben angepasste Computerspiele zur Verfügung. Achten Sie dabei auf die Altersfreigabe der Selbstkontrolle Unterhaltungssoftware (USK), die ähnlich wie bei Kino- und Videofilmen funktioniert. Seit dem 1. April 2003 müssen alle im Handel erhältlichen Computerspiele mit Altersfreigaben ab 0, 6, 12, 16 oder 18 Jahren gekennzeichnet sein. Die Freigabe erfolgt durch die USK nach den Richtlinien des Jugendschutzgesetzes in Kooperation mit den Obersten Landesjugendbehörden.

Sofern Sie Ihrem Kind ein Lernprogramm zur Verfügung stellen möchten, das den Unterricht ergänzen soll, achten Sie darauf, dass es ein selbstbestimmtes, entdeckendes Lernen fördert und nicht etwa aus bloßem Auswendiglernen und Anklicken einer Antwort besteht. Außerdem sollte das Lernspiel eine altersgemäße, spannende oder witzige Handlung beinhalten, die zum Weiterspielen animiert und herausfordert.

Wenn Sie Ihrem Kind ein Computerspiel zur Verfügung stellen möchten, müssen Sie dies nicht zwangsläufig kaufen. Immer mehr Bibliotheken bieten neben dem klassischen Medium Buch eine Reihe von Computer- und Lernspielen zum Verleih an.

»Wann ist ein Computerspiel für mein Kind geeignet?«

Zunächst einmal muss ein Computerspiel natürlich ansprechend und motivierend sein, damit es überhaupt Beachtung finden kann. Außerdem muss es dem Alter Ihres Kindes entsprechen. Die oben erwähnte Klassifizierung stellt bezüglich dieses Kriteriums eine wichtige Entscheidungshilfe dar. Motivierend sind Spiele dann, wenn sie den Spieler dort abholen, wo er sich geistig/kulturell befindet. Das bedeutet, das Spiel sollte Bezug zu der Lebenswirklichkeit Ihres Kindes haben und es weder unter- noch überfordern. Realitätsnähe, und zwar nicht nur durch grafische Meisterleistungen, sondern auch durch eine nachvollziehbare Handlung, und reelle Aktionen, die vom Spieler abverlangt werden, sind entscheidende Kriterien hierbei. Darüber hinaus ist es motivierend, wenn gemeinsam gespielt werden kann, zum Beispiel durch einen Online-Modus über das Internet. Das Spiel muss Interaktionen zulassen, die den Spielfluss unverzüglich beeinflussen.

Nachfolgend finden Sie eine Checkliste abgedruckt mit Kriterien, die geeignete Spiele erfüllen sollten.

Die Auswahl des richtigen Spiels

- Ist das Spiel für das Alter des Kindes geeignet?
- Ist es kulturell angemessen?
- Weist das Computerspiel Bezüge zur Lebenswirklichkeit des Spielers auf?
- Sind Lernziele erkennbar und nachvollziehbar?
- Ist das Spiel realitätsnah?
- Ist das Ziel des Spiels klar?
- Wie verständlich/komplex sind die Regeln des Spiels?
- Wie verständlich/komplex sind die Anforderungen und die zu entwickelnde Spielstrategie?
- Ist die Schwierigkeit des Spiels für das Kind angemessen?
- Steigen die Anforderungen und die Schwierigkeit im Laufe des Spiels?
- Gibt das Spiel ein Feedback zum Spielfortschritt?
- Ist ein gemeinschaftliches Spielen mit Freunden/über das Internet möglich?
- Können Inhalte (Levels oder Ähnliches) vom Spieler selbst erstellt und hinzugefügt werden?
- Ermöglicht das Spiel ausreichend Interaktionen, mit denen in den Spielfluss unverzüglich eingegriffen werden kann?

Stufe 7
Zurück in die Zukunft – Wie sehen die Spiele von morgen aus?

Seit ihrer »Erfindung« sind die Computer- und Videospiele stets realistischer und komplexer geworden. Es handelt sich längst nicht mehr um rein abstrakt dargestellte Vorgänge wie beim einstigen »Tennis for two«, sondern häufig um von der Realität kaum zu unterscheidende Animationen, die die wirkliche Welt oder die Fantasiewelt, die sie erschaffen, detailgetreu und zum Verwechseln realistisch darstellen und simulieren.

Mittlerweile lässt sich bereits ein Trend abzeichnen, der diese Detailtreue und realistische Abbildung des Lebens auch auf die zwischenmenschliche Kommunikation überträgt. Das Spiel soll sowohl auf virtueller Ebene, aber auch in sozialer Hinsicht für neue Erfahrungen sorgen. Dies bedeutet auch, dass der Trend hingeht zu Spielen, die gemeinsam (online) gespielt werden. Der Spieler, der allein in seiner Kammer ein Level nach dem anderen durchdringt, wird in zunehmendem Maße verdrängt durch die in diesem Kapitel erwähnten Gemeinschaften, die zusammen Strategien entwickeln müssen, um in der virtuellen Welt Bestand haben zu können.

Nintendo hat diesen Weg in die Zukunft bereits vor einigen Jahren eingeleitet, als mit deren Konsole »Wii« weniger Wert auf noch größere Prozessorleistung oder eine noch detailgetreuere Grafik gelegt wurde als auf ein völlig neues Bedien- und Eingabekonzept. Die Spieler sitzen nun nicht mehr Chips essend auf der Couch, sondern müssen sich aktiv, das heißt mit ganzem Körpereinsatz, am Spiel beteiligen. Die Bewegungen, die sie mit ihrer sogenannten »Wii-Mote« (dem »Joystick« dieser Konsole) ausführen, steuern die Spielfigur in gleicher Weise.

Die Verbindung zwischen solch realem Handeln und fiktiver Situationen wird zunehmen. Ein Stichwort im Zusammenhang mit der Zukunft der Videospiele beschreibt die Atmosphäre der Spiele. Diese soll dichter werden. Handlungsstränge variieren, Charaktere reifen und lernen im Fortlauf des Spiels. Personen und Perspektive müssen im Spielverlauf gewechselt werden, um die Komplexität der Handlung erst begreifen zu können.

Die Unternehmen sprechen in euphorischer Stimmungslage davon, dass die Computerspiele »erwachsen« werden, und meinen damit, dass die Handlungen in zunehmender Weise der Lebenserfahrung eines Erwachsenen entsprechen sollen. Dies bedeutet einerseits, dass Handlungen, in denen sinnfrei »herumgeballert« werden muss, der Vergangenheit angehören. Andererseits kann dieser Trend aber auch bedeuten, dass wir uns als Eltern mit neuen Herausforderungen konfrontiert sehen, wenn es um geeignete Video- und Computerspiele für unsere Kinder geht. Auch »erwachsene« Spiele, die sich vornehmlich an die Zielgruppe der Erwachsenen orientieren, können nämlich die Kinder und Jugendlichen genauso überfordern, wie es die heute erhältlichen Spiele ebenfalls tun.

Zu den »erwachsenen« Spielen zählen wohl auch solche, die an das schlechte Gewissen eben jener Zielgruppe der über 20-Jährigen appellieren und ihnen mit beiliegender Yogamatte suggerieren, sich den Gang ins Fitnessstudio sparen zu können und lediglich ein Sportspiel in die Konsole einlegen zu brauchen. Wissenschaftliche Untersuchungen zur Effektivität solcher Gymnastik- und Bewegungsspiele (beispielsweise für das Nintendo Wii-System) aus dem Jahr 2010 haben jedoch ergeben, dass sich die Nutzer dieser Angebote allenfalls mehr bewegen als solche, die gewöhnliche Computerspiele nutzen. Mit Sport hat das allerdings nichts zu tun.

Neben derartigen Trends teilweise völlig neuer Konsolenkonstruktionen und Spielvarianten legen die Anbieter bereits zu Beginn des zweiten Jahrzehnts des 21. Jahrhunderts zunehmend Wert auf die Sicherheit ihrer Spielmaschinen. Dabei geht es allerdings weniger um Abwehr schadhafter Programme wie Viren oder Trojaner, die auf Konsolen sowieso nur begrenzt Schaden anrichten könnten, weil darüber wohl kein Geldtransfer ausgeführt wird wie über das Online-Banking im Internet und das System bei einem Neustart wieder im ursprünglichen Zustand beginnen kann. Vielmehr haben die Anbieter gerade im Zuge der zunehmenden Anzahl für Kinder und Jugendliche ungeeigneter Spiele Kontroll- und Zugriffsbeschränkungen im Auge, die von den Eltern eingestellt werden können. So lassen sich bereits jetzt an vielen Spielkonsolen Altersbegrenzungen und Zeitlimits einstellen, nach denen sich die Maschine von selbst abstellt. Das System erkennt automatisch die Altersfreigabe des eingelegten Spiels. Haben Sie zuvor im entsprechenden Menüpunkt (siehe Bedienungsanleitung Ihrer Konsole) eine Altersbegrenzung von beispielsweise sechs Jahren eingestellt, werden nur solche Spiele akzeptiert, die auch tatsächlich für Kinder unter sechs Jahren freigegeben sind. Einige Systeme bieten auch die Möglichkeit, eine Sperre für Internetseiten einzurichten.

Der nachfolgenden Übersicht können Sie die notwendigen Bedienschritte der meistverkauften Konsolen entnehmen, die bereits über solche Sicherheitsmaßnahmen verfügen:

Konsole	**Bedienschritte**
Nintendo Wii	Menüpunkt »Altersbeschränkungen«
Microsoft Xbox	Menüpunkt »Jugendschutz« → »Spiel« → »Altersfreigabe«
Sony Playstation 3	Hauptmenü → »Einstellungen« → »Sicherheitseinstellungen«

Ausblick

Die Neuen Medien – Fluch oder Segen?

Wenn Internet, Handy und Computerspiele derartige Risiken mit sich bringen, sollte ich meinem Kind nicht lieber die Nutzung verbieten? Soll ich zulassen, dass sich meine Tochter selbst zu einer »gläsernen Bürgerin« macht, die alles von sich preisgibt und ihre »Freunde und Freundesfreunde« nicht persönlich kennt, sondern nur aus dem Internet? Wird mein Sohn zu einer Killermaschine, weil ich ihn nicht genügend vor den Gefahren ungeeigneter Computerspiele gewarnt habe? Holt er sich die Anerkennung von seinen Freunden, weil er ihnen die neuesten Gewaltvideos auf ihr Handy überspielt?

Wie sich in den Kapiteln dieses Buches gezeigt hat, haben auch die Medien Internet, Handy und Computerspiele zwei Seiten. Da sind auf der einen natürlich gewisse Gefahren, die nicht unterschätzt werden dürfen und über die die Kinder und Jugendlichen aufgeklärt werden müssen. Nur sollten wir die Gefahren nicht als rotes Tuch sehen, das uns den Blick auf die enormen Vorteile verdeckt, die die zunehmend rasante Entwicklung der modernen Technik für unsere Kinder mit sich bringt.

Es ist wichtig, trotz eventueller Probleme und Schwierigkeiten den Mehrwert der Medien für sich zu nutzen. Wohl kaum jemand nutzt heute noch ein Waschbrett, um seine Kleidung zu reinigen, obwohl die Waschmaschine theoretisch auslaufen oder einen Brand auslösen kann. Und obwohl Sie wissen, dass der Straßenverkehr lebensgefährlich sein kann, verlassen Sie dennoch Ihr Heim und setzen sich bewusst dieser Gefahr aus.

Warum tun Sie das? Weil Sie Risiken und Vorteile miteinander abwägen und für sich entschieden haben, dass die Vorteile überwiegen. Genau dies gilt auch für die Neuen Medien. Wie dieses Buch gezeigt hat, ist genau wie im Straßenverkehr eine Sensibilisierung für die Gefahren unabdingbar: Wenn ich von ihnen weiß, kann ich mich auf sie einstellen und ein Handlungskonzept für mich entwerfen, das ich dann anwende, wenn ich mit der Gefahr konfrontiert bin. Im Zusammenhang mit der Nutzung der Medien spricht man dabei von Medienkompetenz. Diese wird zwar auch in den Schulen vermittelt, doch müssen auch Sie zu Hause dazu beitragen: indem Sie mit gutem Beispiel vorangehen, mit Ihrem Kind sprechen und stets ein offenes Ohr haben für seine medialen Erfahrungen, Sorgen und Ängste.

Ein Leben ohne die Medien Internet, Handy und Computerspiele ist für die junge Generation von heute nicht mehr vorstellbar. Wer nicht online ist und stets mobil erreichbar, nimmt nicht am Leben teil. Dies gilt nicht nur für Beziehungen, Freundschaften und Verabredungen, sondern für einen immer größer werdenden Bereich des privaten und geschäftlichen Lebens. So verlangen mehr und mehr Personalchefs die Einreichung einer Bewerbung per Internet, und die Existenz einer eigenen E-Mail-Adresse wird sowieso bereits als gegeben vorausgesetzt.

Scheuen Sie nicht davor zurück, mit Ihrem Kind in Bezug auf seinen Medienkonsum den ein oder anderen Konflikt auszutragen. Dabei werden Sie manchmal auch vor der Entscheidung stehen, welcher Standpunkt denn der richtige sein könnte. Wie die Erfahrung und die folgende abschließende Anekdote zeigen, liegt die Wahrheit oftmals dazwischen:

Der weise Mullah Nasreddin arbeitete einmal als Richter. Als während eines Prozesses der Kläger seine Argumente überaus glaubwürdig vortrug, rief Nasreddin entzückt aus: »Du hast recht!«

Sofort wurde er vom entrüsteten Verteidiger aufgefordert, vor einer Urteilsverkündung doch auch seinen Worten Gehör zu schenken. Und auch nach dessen Plädoyer rief Nasreddin umgehend: »Du hast recht!«

Nachdem ihm ein Beobachter ins Ohr geflüstert hatte, dass es doch unmöglich sei, dass beide Kontrahenten gleichzeitig recht hätten, erwiderte Nasreddin auch diesem: »Du hast recht!«

Blockieren Sie also Ihrem Kind nicht seinen Weg in die mediale Zukunft, sondern helfen Sie ihm dabei, Klippen zu umschiffen und Hürden zu bewältigen. Dazu brauchen Sie kein Medienguru, Genie oder sonstiger Experte zu sein. Ein offenes Ohr und ein wenig Zeit genügen vollends!

Anhang

Literatur

Nachfolgend finden Sie eine Reihe von empfehlenswerten Büchern, die auf die einzelnen Themen dieses Buches eingehen und eine Ergänzung bezüglich der Medienerziehung Ihres Kindes darstellen können.

Baacke, Dieter; Kornblum, Susanne; Lauffer, Jürgen et al. (Hrsg.): *Handbuch Medien: Medienkompetenz. Modelle und Projekte*. Bonn: Bundeszentrale für politische Bildung, 1999

Baader, Meike S. et al. (Hrsg.): *Schüler 2005: Auf der Suche nach Sinn. Woran Kinder und Jugendliche heute glauben*. Seelze: Friedrich, 2005

Bauman, Zygmunt: *Postmoderne Ethik*. Hamburg: Hamburger Edition, 2009

Bornträger, Axel: *PC & Internet – eine sichere Sache für die ganze Familie*. Unterschleißheim: Microsoft Press, 2008

Callies, Frank E.: *Viel Spaß mit Internet & E-Mail*. Köln: Naumann & Göbel, 2001

Döring, Nicola: *Sozialpsychologie des Internet. Die Bedeutung des Internet für Kommunikationsprozesse, Identitäten, soziale Beziehungen und Gruppen*. Göttingen: Hogrefe, 2003

Feibel, Thomas (Hrsg.): *Crashkurs: Kind und Lernsoftware*. Freiburg: Velber, 2009

Grieger, Katja; Schroer, Miriam: GAG – *Was ist geiler als Gewalt? Anti-Aggressions-Trainings für gewaltbereite Jugendliche. Evaluation eines Modellprojektes*. Berlin: Camino, 2002

Hendricks, Renate: »Schule und Elternhaus sind zur gemeinsamen Erziehung verpflichtet«, in: *Lernende Schule*. Nr. 32/05. Seelze: Friedrich, 2005

Kohn, Martin: *Gemeinsam erziehen. Leitfaden für die Zusammenarbeit von Lehrern und Eltern*. Seelze: Kallmeyer, 2009

Kohn, Martin: *Leitfaden Moderne Medien: PC-Einsatz im Englischunterricht*. Bad Heilbrunn: Julius Klinkhardt, 2003

Kohn, Martin; Peschke, Rudolf (Hrsg.): *Computer + Unterricht. Selbstständig Lernen*. Nr. 69. Seelze: Friedrich, 2008

Liesching, Marc; Weisser Ring e.V. (Hrsg.): *Surfen? – Mit Sicherheit! Risiken im Internet*. München, 2007

Lingen, Helmut: *Addy. Komm mit mir ins Internet. PC für Kids*. Köln: Lingen, 2004

Machill, Marcel; von Peter, Felicitas (Hrsg.): *Internet-Verantwortung an Schulen*. Gütersloh: Bertelsmann-Stiftung, 2001

Rehbein, Florian; Kleimann, Matthias; Mößle, Thomas: *Computerspielabhängigkeit im Kindes- und Jugendalter: Empirische Befunde zu Ursachen, Diagnostik und Komorbiditäten unter besonderer Berücksichtigung spielimmanenter Abhängigkeitsmerkmale*. Hannover: Kriminologisches Forschungsinstitut Niedersachsen e.V., 2009 (Forschungsbericht KFN, Nr. 108)

Schulz von Thun, Friedemann: *Miteinander Reden*. Reinbek: Rowohlt Taschenbuch, 2008

Simsa, Christiane et al. (Hrsg.): *Konfliktmanagement an Schulen: Möglichkeiten und Grenzen der Schulmediation*. Frankfurt/M.: Deutsches Institut für Internationale Pädagogische Forschung, 2001

Standop, Jutta: *Werte-Erziehung: Einführung in die wichtigsten Konzepte der Werteerziehung*. Weinheim: Beltz, 2005

Ulich, Klaus: »Was die Schule zuhause anrichtet«, in: *Arbeitsplatz Schule*. Seelze: Friedrich, 1998 (Friedrich Jahresheft)

Wulf, Christoph et al.: *Bildung im Ritual. Schule, Familie, Jugend, Medien*. Wiesbaden: Verlag für Sozialwissenschaften, 2004

Internetquellen

Nachfolgend finden Sie einige empfehlenswerte Internetseiten, die weitere Informationen zu den Themen dieses Buches anbieten sowie konkrete Anlaufstellen für Sie darstellen (Stand: Februar 2010).

- www.bmfsfj.de
  Der Internetauftritt des Bundesministeriums für Familie, Senioren, Frauen und Jugend bietet zahlreiche Hilfestellungen zu den Themen des Buches.

- www.bpb.de
  Internetangebot der Bundeszentrale für politische Bildung. Hier finden Sie Informationen unter anderem zum Rechtsextremismus im Internet und in Spielen.

- www.bsi-fuer-buerger.de
  Risiken und Gefahren der Neuen Medien, zusammengetragen vom Bundesamt für Sicherheit in der Informationstechnik.

- www.bundesnetzagentur.de
  Auf dieser Seite können Sie sich bezüglich der SPAM-Problematik informieren.

- www.bundespruefstelle.de
  Der offizielle Internetauftritt der Bundesprüfstelle für jugendgefährdende Medien.

- www.fsm.de
  Internetseite der Freiwilligen Selbstkontrolle der Multimediadienstanbieter.

- www.handysektor.de
  Hier werden technische Begriffe rund um das mobile Telefonieren erläutert und Tipps zum sicheren Gebrauch des Handys veröffentlicht.

- www.handywissen.info
  Chancen und Risiken der Handynutzung durch die Landesstelle Kinder- und Jugendschutz Sachsen-Anhalt e.V.

- www.internet-abc.de
  Hier finden Sie ein umfangreiches Stichwortverzeichnis zu den Begriffen, die Ihnen im Zusammenhang mit der Internetnutzung begegnen.

- www.internet-beschwerdestelle.de
  Hier können Sie sich über jugendgefährdende oder rechtswidrige Inhalte im Internet beschweren.

- www.jugendschutz.net
  Zahlreiche Informationen und Broschüren zu verschiedenen Themen des Jugendschutzes.

- www.jugend-und-handy.de
  Informationen zur jugendlichen Handynutzung und der damit verbundenen Problematik.

- www.kaufenmitverstand.de
  Sieben goldene Regeln für den Kauf im Internet zum Herunterladen.

- www.mpfs.de
  Der Medienpädagogische Forschungsverbund Südwest bietet Informationen rund um das Thema Medienkompetenz für Eltern, Lehrer und Erzieher an, darunter Broschüren zum Download.

- www.pro-musicorg.de
  Informationen zu allen Fragen des Urheberrechts.

- www.schau-hin.info
  Der Zusammenschluss des Bundesministeriums für Familie, Senioren, Frauen und Jugend mit Medien wie ARD und ZDF gibt Informationen und Ratschläge zur Medienerziehung.

- www.spieleratgeber-nrw.de
  Empfehlenswerte Spiele, nach Spielgenres sortiert.

- www.usk.de
  Internetauftritt der Unterhaltungssoftware Selbstkontrolle mit Informationen zur Alterskennzeichnung von Computerspielen.

- www.verbraucherzentrale.de
  Hier erhalten Sie Hilfestellung und Musterbriefe sowie individuelle Rechtsberatung, falls beispielsweise im Zusammenhang mit einer Bestellung im Internet das »Kind in den Brunnen gefallen« ist.